“結婚”をやめたパリジェンヌたち

Les Parisiennes qui sont libérées du mariage.

Yoko Sakamaki

目次

はじめに

そのパリジェンヌは、自分と同じくらいスリムな自転車に跨り、背筋をピンと伸ばしてまっすぐ前を向き、トレンチコートの裾を翻しながら颯爽とパリの街を駆け抜けて行く。

別のパリジェンヌは、カフェのテラスに座り、時々はらりと顔に落ちる栗色の毛をかき上げながら、周りの雑踏を気にもせず、手元の本に没頭している。

そんな独りでいる女性を見ると、私は「パリジェンヌだなあ」とつくづく思う。

もしかしたら、これから家族の元に帰るのかもしれないし、恋人が来るのを待っているだけなのかもしれない。たとえ私が見たその瞬間だけであったとしても、カップルでいるわけでも、子供を連れているわけでもない、何にも属していないように見える、独立した女性が、私のパリジェンヌのイメージなのだ。

２０１０年、１人の女性が生涯に持つ子供の平均数を表す合計特殊出生率が、フランスで2.03（＊1）まで上がり、出生率が下がり続けている日本をはじめとする先進国から、少子化を克服した国として注目が集まった。

それによって、フランス人女性のイメージが、今までにもあった「人生を楽しみ、仕事をして、恋をする女」に、さらに「産んでいる女」が加えられ、盛んにメディアで取り上げられるようになった。

しかし、その時をピークに下がり始め、２０１７年のフランスの出生率は1.88（＊2）。それでも同年の日本の出生率の1.43（＊3）に比べれば素晴らしい数字だし、ＥＵでも第１位の出生率をキープしていることには変わりがない。現に私の周りにいる30代のフランス人女性も、実際に「産んでいる」と私も思う。

でも、仕事も恋愛も育児も完璧にこなす、まさに現代版のスーパーウーマンといった、絵に描いたようなフランス人女性は、実際にどれだけいるのだろうと疑問にも思う。喫緊の少子化対策で、何とか「産んでいる」フランス人女性をロールモデルにしたいという試みは分からなくもないが、そもそも、現代の日本人女性はそんなにスーパーウーマンになりたいものなのだろうか？

「結婚」、そして「出産」という女性にとって当たり前とされる人生のイメージは、いまだに必要なものなのだろうか？　もちろん、育児をしながら仕事もできる環境は、日本よりもフランスの方が恵まれていることは確かだろうけれど。

異なる面を見てみよう。２０１７年にフランスで産まれた新生児の、なんと約60％（＊４）が婚外子である。

結婚以外に「民事連帯契約」と呼ばれるパックスや、事実婚と言ったカップルの選択肢が認められているフランスでは、結婚してから出産という、いわゆる順当なステップを踏むカップルが少なくなっているのだ。

さらにフランスの婚姻率は２０１６年で3.5（１０００人当たりに対する推定値＊5）に対して、離婚率は1.9。

ＥＵの他の国を見てみると、出生率が２０１５年の時点でＥＵ第2位だったアイルランドは、婚姻率は4.8、離婚率は0.7（２０１５年確定値）、出生率が上がっているドイツは婚姻率は5.0、離婚率は2.0。ちなみに日本の２０１７年の婚姻率は4.9に対して離婚率は1.7である。

こう見るとフランスの離婚率は特に高いわけではないけれど、婚姻率の低さを考えると離婚する人がやはり多いのだと思う。また破局となっても数値に現れない事実婚を考えると、さらにその割合は増えるのだろう。

そして、フランスの首都であるパリは、単身世帯が多いのも事実である。

学生や働き始めの若者が多く住んでいるのはもちろんのこと、パリは家賃が高いため、子供が出来た世帯はより住みやすい郊外へと出て行ってしまうのも理由のひとつ。さらに離婚者、寡婦（夫）も単身世帯に数えられる。フランスの中でも特にパリでは、結婚した人の約半数が離婚に終わるとも言われているのだ。

そんな離婚者の多いパリで、離婚の合意に向けて手助けをする、家事調停人のキャロリーヌは、なかなか合意に辿りつけず、仲たがいをするカップルにこう説明すると言う。

「私が『6』と書いたら、テーブルの向かいに座るあなたには何に見えますか？」

そう、「9」である。

いままで同じ家で一緒に暮らしてきたカップルでさえ、多くの人々が「妻」と「夫」の立場でしか物事を見ていない。この家庭の範囲を、同じ社会、同じ国といったより大きな枠組みに置き換えたとしても同じだろう。私たちは自分自身の置かれた環境や立場という狭い範囲の中からしか、世の中を見てはいないのだと思う。

自分のことを話そう。

現在、私は45歳。パックスを結んだフランス人のパートナーと一緒に暮らしているが、子供はいない。結婚願望はまったくなかったけれど、子供は欲しいと思った時にはすでに遅し。授からなかったのである。

フランス独自の制度である、既婚者と同等の権利と立場がもらえる「パックス」ながら、婚姻とは異なり、締結するのも破棄するのも簡単に行えるのが魅力だ。

ちなみに現在のパートナーは私にとって2度目のパックス。いわゆるバツイチみたいなものだけれど、日本の戸籍上はクリーンなままである。現在でも日本では籍も入れておらず、子供のいない私は、正直に言うと、独身と気分的にはあまり変わりがないのだ。

日本に帰ると、同じ年代である女性の知人たちの約6割が独身の状態。さらに子供がいない既婚者、離婚者、再婚者、シングルマザーといった様々なタイプの女性が私の周りにはいる。日本でも一般世帯に占める単独世帯の割合は増え続けており、2015年に34.6％（＊6）になっている。未婚者だけではなく、高齢者の単身世帯も多くなり、現在の数値はもっと高くなっていることだろう。

日本政府は少子化対策でさまざまな政策を打ち出しているのだろうけれど、我が知人たちを見ると成果は上がっていないように見える。そもそも、「結婚する相手が見つからない」、「結婚をする気もない」といった彼女たちの声を聞くと、問題は子育て支援云々以前にあるように、私には思われる。

でも、自分で仕事をし、自分の好きなことをしている彼女たちは、独り身だからと言って落ち込んでいるわけでもない。40代も半ばともなると、もはや「結婚」だとか「出産」だとか、周りからうるさく言われることもなくなっている年齢でもある。この年になってようやく、周囲に惑わされずに、自分自身の幸せを模索できる段階に来ているのかもしれない。

再びフランスに戻って婚姻状況を見てみると、2017年15歳以上の人口のうち、婚姻者は43.8%(推定値*7)、独身者は40.6%、寡婦(夫)は7.2%、離婚者は8.4%である。パリだけを見てみると、2015年の単独世帯は50.7%(*8)にも上るのだ。さらにパリだけの出生率を見てみると、2014年の数値はなんと1.56(*9)しかない。

パリのあるイル・ド・フランス地域の、パリ近隣の県を見てみると、出生率は同年ですべて2.0以上である。ちなみに移民が多く住む、セーヌ=サン=ドニ県はフランスの中で最も高い、2.50の出生率。したがって、首都であるパリだけが特殊であることは明白だ。しかし、そうなるとパリに実際に住むパリジェンヌ自身は、実は「産んではいない」のである。そして単身世帯が多いことを考えると、パリはまさに「おひとりさま」の街でもあるのだ。

独身のみならず、カップルの形態もさまざまで、結婚したとしても離婚はほとんど当たり前。さらに再婚者、再再婚者と、パリの女性の生き方の多様化はとどまるところを知らない。そして、このバリエーション豊かな生き方こそが、パリジェンヌの魅力でもあると私は思う。


本書で紹介できるのは、あくまでもそんなパリジェンヌたちのひとつの側面でしかない。世の中にロールモデルとして提示され続けるスーパーウーマンでなくても、自分なりの考えで、自分だけの生き方をしている素敵な女性はたくさんいると言いたいのだ。

そんな多様化にかけては先を行く、パリジェンヌたちの生きる姿勢を垣間見ることによって、同じく多様化しつつある私たち日本人にも、「女性の生き方」を考えるひとつの機会になれば幸いだ。

第 1 章

個人主義の国に世間体はあるのか?

Chapitre I

La pression sociale existe-t-il dans un pays individualiste ?

独身でいてはいけない理由

個人主義な国、フランス

「『私は年取った独身女性ですけれど、それに何か問題がありますか？』って言ってやったの。だってその年寄りの叔父の関心といったら、私がどんな仕事をしているのか、何を考えているのかではなく、私の家庭的状況だけなんだもの。それ以上、話す気にもなれずに、その場から出て行ったわ」

パリジェンヌのサクラはおかしそうに笑った。日本で生まれたから大和撫子のような名前がついているけれど、住んでいたのは生後1年だけ。フランス人の両親の仕事でアジアとアンティル諸島に移り住んだ後、パリに戻って来てからすでに20年。現在41歳だ。

その和名のイメージに反して、見た目は完全なるフランス人。黒髪をキュッと後ろでひとつにまとめ、好奇心溢れる栗色の目でしっかり相手の目を見、快活に話す様子は、何事にも物怖じしない性格を表している。

待ち合わせのカフェに、バイクのヘルメットを片手にして現れた姿は、パリの街を縦横無尽に動き回る、私のイメージするパリジェンヌそのものだった。

「ある人たちにとっては、相手が結婚しているのか、子供がいるのかが分からないと、話もできないのよ」

本人自身、まったく結婚する意志のないサクラは苦笑して続けた。

それは多くの人にとって言えることだと思う。相手の家庭的状況を聞くことは、特に初対面で会った者同士が、共通の話題を探す上で必要なリサーチでもある。私たちは、相手がどのカテゴリーにいるのかを見極めることで、安心して話ができるようになるのだろう。

おしゃべりなフランス人のこと、悪気があって聞いているのではないと思う。もちろん、聞かれた側の置かれた状況によっては、快く思わない人もいることは確かだ。

フランスは個人主義の国として知られている。

例えば、スーパーの店員や郵便局の窓口など、マニュアル化できる仕事のはずなのに、人によって態度もやり方もことごとく異なることに驚く。役割分担がしっかりしていて、隣にいる同僚の仕事は、たとえ口を出したとしても彼の仕事である。自分の担当以外の仕事はしないし、当の担当者が休みとなると、誰も代わりを務めてはくれない。

カフェのギャルソンならば、受け持つテーブルが決まっているのが基本。いくらオーダーを取った人が忙しそうで、なかなかお会計が頼めなくとも、隣のテーブルを担当している人にお願いするのは無理。客は辛抱強く、自分のテーブルの担当者が相手をしてくれるのを待つしかない。

でも、担当となった場合には、つっけんどんに「それは無理」と断られたとしても、「個人的」に頼めば何とかしようとしてくれる、臨機応変な人が多いのも事実。

「朝寝坊しちゃって」とか「今日中に書類を送らないとクビになる」とか、何でもいい。カフェのオーダーでは、「今日のランチメニューの付け合わせが嫌いだから、他のものに替えて」なんてことも頼める。とにかく個人的な話をして情に訴えることが大切なのだ。マニュアル化されていないからこそ、融通が利く部分がたくさんある。

特に時間が掛かるのが、お役所関係の窓口。だってそれぞれの人が、それぞれの言い分を通そうとするのだから。よって長蛇の列ができ、待たされていることに文句を言っている本人ですら、自分の番になったら、他人のことは構わずに自分の状況をことさらに訴える。だからさらに列が延びることになり、さらに不機嫌な人が増えるのだが。

意見は異なるのが当たり前

それでも、フランス人が自己中心的な人間だとは、私は思わない。相手の個人としての権利を認めなくては、自分の個人としての権利も主張することはできないのだから。人々は自分の意見を持ち、自己主張をする一方で、他人には異なる意見があることも知っている。

逆に意見を言わない人は、「何を考えているのか分からない」と敬遠されてしまうことに。自分の考えは他人の考えとは違うはずで、同じであったとしても、「ウィ」と口に出さなければ分からないのだから。

日本で出会った、最初のフランス人の彼は付き合い始めた時に私にこう言った。

「意見が違うからといって口論になったとしても、君のことを決して嫌いになったわけじゃない」

日本に住んでいた彼は、和を貴び、争いを極力避ける日本人の思考回路をよく知っていたというわけ。

だからこそ、意見が対立して激しい口論になったとしても、話題が変わればコロッと元に戻るフランス人が多いのだ。意見が異なることは、嫌いになる理由ではない。

逆に言えば、他人からちょっとやそっと言われたところで気にも留めない、頑強な精神の持ち主であると言えるだろう。その免疫レベルは、もちろん人によって異なるだろうけれど、フランス人なら多かれ少なかれ、子供の時から意見を言い合う環境で育って来ているのだから。まさに他人の言葉には簡単に惑わされないように、鍛えられて来たわけである。

話好きなフランス人の話題は、人の噂であることも多い。フランス人は有名人のプライバシーに無関心とは、よく言われる話だけれども、私自身はそうかなあと疑問だ。

今やインターネットでさまざまな情報が入手できる時代。それこそ、現在のフランス大統領であるマクロン氏は就任前から、私生活の憶測がネット上に飛び交い、フランス人の間でも盛んに話題に上っていた。就任が決まったと同時に、大統領夫人のブリジットさんは24歳年上だと公表され、その年の差（しかも女性が年上）カップルのことは、何かにつけて引き合いに出される。

肯定でも否定でも、あるひとつの話題にさまざまな意見交換がなされた後、ようやくフランス人は満足するのである。言うなれば、ただの話のネタなのだ。もしかしたら、話をしている物事の本質はどうでもよくて、あーだこーだとお互いの意見を言い合うのを楽しんでいるだけなのかもしれない。

何といっても、所詮は他人の恋バナである。

余計なお節介には毅然と答える

ミッテラン元大統領が愛人と隠し子について記者に聞かれた時、一言「それで?」と言い返した話は有名だ。他人にどう言われようが、毅然としていられるのも個人主義なフランス人だからなのだろう。自分が納得している私的なことを、他人にどうこう言われる筋合いではないし、どうこう言われたところで変えるつもりはないのだから。

でもここら辺は、あくまでも有名人の話。不特定多数の人々の話題に上るのは当然である。しかし「結婚」や「子供」といった、プライバシーの話を赤の他人に聞くのは、さすがに話好きなフランス人も遠慮がちかと思っていた。

「そんなことないよ。先日、久しぶりに75歳の男性の知人に、道でばったり会ったのだけれど、『結婚はしたのか、子供はまだなのか』と聞かれたわ。やっぱり伝統的な考えを持つ上の世代にそういうことを聞いて来る人が多いんじゃない」と話すのは、私と同い年、45歳のエレナ。

目鼻立ちのくっきりした顔つきに明るい赤毛が、華やかな柄のワンピースとよく似合う。いつも相手の話をじっくり聞き、穏やかに自分の意見を話す彼女の態度に、パリジェンヌと言えども、アジア人的な親しみを私は感じている。

「『結婚も子供もまだです』と言ったら、慌てて『大丈夫、まだ若いんだから』って慰められちゃった。たぶん実年齢より私が若いと思っているんだろうね」

結婚するのが当然だと思い、予想もしない答えに狼狽える。かの哀れな男性の心遣いとは裏腹に、エレナは結婚も出産もまったくするつもりがない。今まで結婚を2回も断ってさえいるのだから。

カップルには結婚以外に事実婚、パックスと言った多様な形態がすでに社会的に認知されているフランスながら、特にいい年をした女性が独身となると、まだまだ偏見があるのが事実。この「個人主義なフランス」にあっても、だ。

しかし、一体、独身の何がそんなに悪いことだと思われているのだろう？

まず、独身であることは個人として不完全であるとみなされることが多い。結婚して子供を持ち、家族を作ってこそ一人前だとされる社会的規範が、まだ根強く残っている。

その昔、婚姻を結ぶことは、年頃の若い娘が親元を離れる手段であった。いわゆる女性が独立するための術だったわけである。もちろん、そこで女性は自立をしたわけではなく、夫の家に嫁いで夫の扶養の下に入ったというだけ。依存先が親から夫に変わったということだ。16～18世紀のフランス革命以前の時代について書かれた、『アンシアン・レジーム期の結婚生活』（フランソワ・ルブラン著*10）にはこんな記述がある。

「（前略）夫は妻に姓や住居や身分（貴族か平民か）を押しつけるばかりでなく、彼ひとりが、財産の管理権（原則的には、嫁資制の嫁資外財産を除いて）と子どもに対する完全な親権を行使した」

南フランスでよく見られた「嫁資」とは、両親から相続財産を先渡しとしてもらった妻の財産は、夫が管理するが、夫が死亡した場合は妻に返還されたものである。また「嫁資外財産」とは、嫁資以外に所有することができ、妻が自由に管理できた固定財産のことである。

地方によって夫婦の財産管理の制度もさまざまながら、そういった一部の例外を除くと、妻は夫に従うのは当たり前で、財産や子供への親権さえも夫だけのものだった。

夫に従属する既婚の女性は法的に無能力者とみなされたのだ。

女性が自由に仕事ができなかった長い歴史の中で、商売する権利だけは女性にもあったと言う。

フランス人作家、エミール・ゾラによって1877年に書かれた小説、『居酒屋』(*11)では女主人公のジェルヴェーズは、パリで洗濯屋を営んでいる。徐々に落ちぶれて行き、悲惨な最後を迎えるが、最盛期は従業員を抱える女主人として働き、夫と対等だった(時には夫を養っていた)労働者階級の女性が描かれている。

しかし、大多数の女性、特に中、上流階級の女性にとっては、唯一の就職先が嫁ぐことだったのである。

その時代、結婚しない女性は親元に残るか、親戚の家や修道院に送られた。もしくは当時、女性が自分でお金を稼ぎ、自立できる方法だった、売春婦になるかだったのだ。

独身は型破りな人物である

20世紀のフランスを代表する女性作家、シモーヌ・ド・ボーヴォワールは、1949年に出版され、フェミニズム運動に貢献したとされる『第二の性』(*12)で、アンシアン・レジーム期までの独身女性についてこう書く。

「フランスで特異なのは独身女性の地位である。独身女性が享受している法律上の自立性は人妻の隷属状態とひどく対照的だ。独身女性は型破りな人物である。だから、慣習は、法律が独身女性に認めているものをすべて取りあげようと躍起になるのだ。独身女性は民事上の行為能力をすべてもっているが、まさにそれは抽象的で内容のない権利である。彼女は経済的に自立していないし、社会的威信もない」

既婚女性よりも自由であったはずの独身女性ながら、世間は規範外の人々を認めず、その権利を行使する術も与えなかったのだ。

19世紀末から1914年の第一次世界大戦までのベル・エポックの時代に、高等教育を受け、専門職で活躍する女性がようやく増えてゆく。

しかしながら、当時のブルジョワ階級の女性が描く、人生の目標は相も変わらず「結婚」だった。属する身分や階層が人々の人生を決定していたため、規範から外れて女性が自由に職業を持つことは階層からの脱落ともみなされた。ブルジョワ女性としてのアイデンティティを得る方法が、結婚しかなかったのだ。

『ベル・エポックのフランスにおけるブルジョワ女性』（松田祐子著＊13）にはこう記されている。


「（前略）ブルジョワの娘たちは結婚を強制されていた。とはいえ持参金がなかったり、運が悪かったりして結婚することができなかった女性がいなかったわけではない。1891年には750万人の既婚女性に対して2662170人の未婚の成人女性がいた。つまり4分の1が独身であった。（中略）ちなみに25歳をすぎて夫がいなければ『老嬢（※ヴィエイユ・

フィーユ)』と呼ばれた」

女性誌『フェミナ』(1901〜1914年)に掲載された記事を見ると、当時の「老嬢」のイメージが分かる。

「決して老嬢で残ってはいけません。おかしな者、グロテスクな存在、男のからかいの的、女の冷笑の的でいてはなりません。つまり、誰にも愛されなかった女、誰も欲しがらなかった女、誰にも求められなかった女です。(中略)要するに社会の屑です」(ベル・エポックのフランスにおけるブルジョワ女性)

散々な言われようである。

ブルジョワ女性は結婚するためだけに育てられ、教育された時代。持参金、財産、年収、経済状態、土地、遺産が、婚姻を交わす相手とお互いに釣り合いが取れ、家の社会的上昇をもたらすことが、結婚の第一条件だった。

「母親たちは、脅迫観念にとりつかれたように、娘を結婚させるために走り回っていた」と言うのも、前述のあまりにもひどい独身のイメージから、容易に納得できるというもの。日本でひと昔前の結婚の条件であった、高学歴、高収入、高身長の三高や、現在の婚活なんて子供だましみたいなものかもしれない。

増え続けるヴィエイユ・フィーユ

そんな槍玉に挙げられていた独身ながら、その数は着実に増えて行く。

フランスの単身世帯の推移を見てみると、1962年に19.6%（*14）だったのが、2013年には34.7%に上っている。15歳以上の女性の単身世帯だけでは、1990年は15.8%（*15）だったのが、2015年は21.3%。パリだけを見てみると、2015年の女性の単身世帯は29.5%（*8）にもなる。

年代別では、パリに住む男女25〜39歳の30.7%、40〜54歳の25.8%、55〜64歳の32.2%が独り暮らしとなっている。すべての独り身の女性が未婚であるわけではもちろんなく、離婚者や未亡人が、子供が独立したために独りになったという状況も多いだろう。

現在でも、40歳を過ぎた未婚の女性は「ヴィエイユ・フィーユ」と呼ばれ、独身であることは、何らかの欠陥があると思う人は多い。結婚することが当然と疑いもせず、その当たり前である結婚ができないのはおかしいというわけだ。相変わらず独身は社会の少数派とみなされ、いまだに「普通ではない」存在なのだ。

しかし、現在の独身女性が昔と大きく異なるのは、その多くが自立をしているところだ。今やフランスの女性は結婚のために育てられてはいないし、自分の仕事を持って独りで生きていくこともできる。さらに、一緒に暮らしてはいないけれど、恋人がいる人だっているのだ。ボーヴォワールの言葉を借りれば、「彼女たちは経済的に自立しているし、社会的威信もある」のである。独身であることを卑下する謂れは今や何もない。


サクラは結婚しない理由をこう説明する。

「資金面でも精神面でも独立していたいの。結婚することで拘束されたくないし、先のことなんて分からないのに、一生の誓いを立てることなんて無理。何と言っても日常的な義務を負いたくない。明日でさえ、何をしているのか分からない方が、驚きがあって面白いじゃない。その方が、毎日を大切に生きていけると思う」

もちろん、独身のままでいることは、サクラのように自分の意思による人もいるし、自分の意思に反する人もいるだろう。51歳の独身、ネジェットは後者だ。「家族は幸せのひとつの形であり、自分の人生を成し遂げる要素のひとつ。子供を持たなかったことで、自分には欠けているものがある」と彼女は思っている。

寂しげな話題に反して、あっけらかんと話すネジェットは、ユーモアがあってドライな性格であることが分かる。アラブ移民家系で、パリで育ち、ほとんどフランス文化に同化しているように見える彼女だが、家庭での教育も大きい。「結婚する前に同棲は許されなかった」と言い、結婚願望はあったけれど、いい人と巡り合わなかったと話す。

いい人がいなかったのに、どうして結婚したかったのかと聞くと、「家族や子供が欲しいと思う多くの人々のように」という答えが返って来た。

多くの人が考える幸せの形とは、社会によって作られたものではないのか？　そして、その「みんなの幸せ」は果たして「自分の幸せ」でもあると、言い切れるのだろうか？

そもそも「独身は不幸である」のは、社会がそういう目で見るからなのではないか？

結婚しなくてはいけない理由

家族からのプレッシャー

「私の祖母は、家族を重んじるイタリア人だったのだけれど、会うたびに『いつ結婚するのか、子供はまだか』って聞いて来たわ。数年前に亡くなって、そんなことを言う人もいなくなったけれど。専業主婦だった母も、以前は私の結婚式や花嫁姿を夢見ていたみたい」と、エレナはゆっくりと話を続けた。

他人のお節介にはミッテラン元大統領ごとく、「それで？」とやり返すことができたとしても、家族からの言葉には悩まされるパリジェンヌも多いのだ。思いのままに生きているように見えるパリジェンヌたちにとっても、自分の家族は大切なもの。失望させたくないと言う気持ちがあって当然だろう。

その昔は、フランスにだって皆婚時代があったのだ。

１９３０年から４５年に生まれた女性が、50歳になった時の結婚している割合は約92％（40歳になった時は約91％＊16）。その後、割合は減り始めるが、１９５０年生まれでも約90％の女性が50歳の時点で既婚状態にあった。前述のエレナの知人である75歳の男性が、「結婚するのは当たり前」といまだに思っていても無理もない話。

しかもその年代は、私の親世代でもある。日本で第二次ベビーブームを生み出した、自分の親たちの状況を考えれば納得だ。

フランスで旧体制に対する学生運動に、労働者や一般大衆も加わり、ゼネラルストライキとなった五月革命が起こったのは、１９６８年のこと。この社会運動をきっかけに、フランス社会にさまざまな波紋が広がり、70年代という激動の時代が始まった。

戦後初めてフランスで、婚姻率が8.1（１０００人当たりに対する統計値＊5）のピークを示したのは１９７２年のこと。１９６１、６２年で若干下がりはしているものの、60年代から70年代前半の婚姻率はそれでも7.0台で推移している。２０１６年の3.5という過去最低の婚姻率は、まさにその当時の半分である。

それまでナポレオン法典を元とした、婚姻を結んだ妻の権利に制約があった民法が徐々に改正され、夫婦の対等な権利が完全に認められたのが1985年。夫の許可が必要だった女性の就労が1965年に自由になったのも、女性の社会進出を大きく促した。1975年に59.3％（＊17）だった25～49歳の女性の就労者の割合は、不況で若干減りつつも、2017年には82.6％となっている。

1991年に、カップルで暮らしている20～59歳の女性の24％（＊18）を専業主婦が占めていたのが、2011年には14％に。フランスで専業主婦は今や少数派となり「仕事をしていない妻」は世間的にあまりよく見られない。女性も仕事をして経済的に自立ができる時代なのに、夫に依存しているなんてとんでもないと言うわけだ。

時代は変わるとともに、世間体も変わるのは当然のこと。どの時代でも「少数派」であることは社会の偏見をもたらす。とはいえ、「自立していない専業主婦はイマイチ」となっても、「自立している独身女性は素晴らしい」とならないところが何とも皮肉である。

それにしても、フランスでの女性の歴史をざっと見ていくと、結婚して家庭を守り、子供を育て、夫に尽くすという、当時の女性像が変化し始めてから、約半世紀しか経ってはいないのだ。「専業主婦」や「独身女性」よりも長い長い歴史を持つ「婚姻」に対する世間の考えが変わるのは、まだまだ時間が掛かると言うものなのだろう。

結婚することは義務なのか？

「1年同棲していたから恋愛結婚ではあるけれど、家族からのプレッシャーがなかったら、絶対結婚しなかったわ。結婚することは義務ではないもの」と言い切るのは、離婚経験のある56歳のノラ。その自信に満ちた話し方は、自分で人生を切り開いて来たといったキャリアウーマンのイメージだ。

「結婚と結婚式をすることは伝統だって、特に相手側の家族がうるさかったの。自分の父親だけは『結婚なんてしなくていい、意味がない』って言っていたわ。今思うと、彼だけが現代的な考えだったのね」

アラブ移民家系であり、28歳での結婚式には700人をも招待した盛大なものだったらしい。義母が未亡人だったこともあり、父親に費用の多くを出してもらい、自分でも出費。ウェディングドレスにもまったく興味がなく、パリのディスカウントショップとして有名なタチで、しぶしぶ購入したと笑う。その当時は、専門のデザイナーによって作られたウェディングドレスが、手軽な値段で買えたのだとか。

恋愛大国としても知られるフランス。情熱のままに、本能のままに、くっついたり、離れたりしているカップルが多いことを見ても、恋愛体質な国民だと私も思う。そんな世界に誇る恋愛大国にもかかわらず、家族の意向で結婚したというパリジェンヌも少なからずいるのだ。

伝統的なブルジョワ家庭で育ったと言う、42歳のセゴレーヌも離婚経験者だ。

「医学部の学生だった25歳の時に妊娠したの。周りが結婚しか許さなかったし、私にはそれしか選択肢はなかったわ。結婚することは私の義務だった」

身振りを交えながら、エネルギッシュに話す様子は、私のパリジェンヌ像のひとつでもある。知的で個性の強い独立した女性に見えるのだけれど、規範を重んじる家族から強い影響を受けている。

「結婚に憧れたことなんてまったくなかったし、はっきり言ってどうでもよかった。結婚式を挙げたのは、ただ母親を喜ばせたかったからよ」

「できちゃった婚」や「親を喜ばせるため」なんて、日本だけの話かと思いきや、まさかパリジェンヌにもあったとは！　自由気ままなパリジェンヌのイメージからは考えられない言葉である。世間体や伝統にこだわる家庭は、まだフランスにも多く残るのだろう。

家のため、金のための結婚

そもそも、婚姻を結ぶことは家と家を繋げる役目があったのだ。

『アンシアン・レジーム期の結婚生活』は当時の結婚をこう記している。

「（前略）婚姻は、どんな社会階層においても、まず何よりも利害に、しかも多種多様の利害にかかわる事柄であるとみなされ、感情的側面はつねに利害の次にしか考慮の対象にされなかった」

カトリック教会は配偶者同士の合意の上での婚姻契約を定めているが、両親の合意がなくても結婚できる年齢は、男子30歳、女子25歳と高かった。したがって、実際は家の損得にかかわる結婚相手を、ほとんどの場合、最終決定するのは両親だった。

貴族階級となると、長子の結婚によって誕生する男子は、家の後継ぎとなることを意味する重要なものである。財産を相続することになる、夫婦間の子供である摘出子を持つことは、特に上流階級では重要だったわけである。財産の維持や譲渡は、家族が担う重要な機能のひとつだった。

よって、いくら当人同士とはいえ、個人の恋愛感情だけで結婚を決められるものではなかったのだ。経済状態から親戚関係まですべて調べ上げられ、身分的に釣り合った組み合わせで、両家の経済的な利害を最善の形で調節できる縁組を選ばなくてはいけない。ようするに結婚は「金のため」だったということだ。

貴族階級よりも大多数を占める庶民にとっても、結婚には大なり小なり、利害が絡むことは当然だった。

「(前略) 庶民の階層では、カップルを組むことの深い動機の一つは、まさしく、家の経営のために、つまり、家庭と農業経営あるいは手工業経営のために、男女二人の人間の労働を結合することにあった」(アンシアン・レジーム期の結婚生活)

家が生産の場として機能していたため、夫が経営者で妻は従業員のようなものだった。ちなみに家族経営で働いていたのは夫婦やその子供だけではない。奉公人や女中など、赤の他人が同じ家で一緒に暮らし、一緒に働くのが普通だった。

家族単位で小さな会社を営んでいたような時代では、社会の中で家の役割が大きかったのも当然である。

その後、工業化とともに人々は家の外へ働きに出るようになり、生活水準が上がって新しいブルジョワ階級が形成されていく。19世紀末のブルジョワ女性の結婚の様子は、前述したとおりである。現代でも子供の結婚に口を出す親がいるのは、その名残なのだろう。

戦後の経済成長とともに、大きな会社組織の中で働く人が多くなり、小さな家族経営は少数派となっていく。男女が平等とされ、女性が社会進出するとともに、家父長制を基盤とした家の機能は大きく変わらざるを得なかったのだ。今や結婚しても共働きの夫婦が多く、「家」という意味自体、昔とは異なるものであることは確かだろう。

となると、由緒ある家系なら家名や財産相続云々が関係するとしても、一般人がいまだに伝統的な結婚という形を取ることにどういう意味があるのだろうか?

そもそも、現代において、フランス人が結婚する理由は、一体何なのだろうか?

第 2 章

恋愛と結婚は両立するのか?

Chapitre **2**

L'amour est-il compatible avec le mariage ?

愛のある結婚を求めて

フランス人の結婚する理由

2017年、リサーチ会社イプソスが結婚ガイド雑誌用に、25〜45歳の結婚に関心があるフランス人の男女404人を対象に調査した、「結婚する理由」（*19）を見てみよう。回答者は約1／3が12カ月以内に結婚した人、約1／3が12カ月以内に結婚する予定がある人、約1／3が結婚を迷っている人の3つのカテゴリーに分かれている。

●12カ月以内に結婚した人
第1位　愛によって（88％）
第2位　結婚式のため（37％）

第3位　子供のため（36％）

●12カ月以内に結婚する予定の人
第1位　愛によって（79％）
第2位　子供のため（44％）
第3位　安心のため（37％）

●結婚を迷っている人
第1位　愛によって（81％）
第2位　安心のため（36％）
第3位　子供のため（34％）

このすべてのカテゴリーで約80％もの人が回答した最も多い理由、堂々の第1位が、「愛によって」である。

次に、3つのカテゴリーで共通して多いのは「子供のため」だが、回答者の48％がすでに子供がいるということからも納得である。出産してから結婚というフランス的ステップを踏む人が多いのが、アンケートにも表れているというわけ。子供がいるからこそ、正式に「婚姻」という形を取りたいと思うのだろう。

しかし、最近結婚した人たちが2番目に「結婚式のため」と答えているのはなぜなのか？「結婚式を挙げてよかった」と思っているからなのだろうか？　フランスでも役所で婚姻契約を交わせば式を挙げる必要はないのだが、「結婚＝結婚式」と考えている人は多い。さらにウェディングドレスやセレモニーに憧れている女性も多いことだろう。

今年、第1子を出産した35歳のオレリアは元ダンサーで、パートナーは舞台役者という事実婚のカップル。2人とも華やかなイベントが好きで、知人たちも楽しませたいと思っている。「結婚するなら、私たちらしくオリジナルな結婚式がしたいわ。例えば、いろんな国に行って、その国のスタイルで結婚式を挙げるとか」

目下、結婚する予定はないけれど、彼女の結婚式への夢は膨らむばかりだ。

自分たちの結婚をみんなに祝ってもらいたい、また自分たちの愛の証として盛大に結婚式を挙げたいと思う人もいるだろう。したがって、結婚をためらう理由のトップも、「結婚式への出費（22％が回答）」となっている。

2017年、フランスで結婚式に費やした平均の金額が8284ユーロと言うのだから、若いカップルにとっては悩むところだろう。負担するのは誰かと言う質問には、51％が自分たちと答えている（その他は新郎側の家族20％、新婦側の家族23％）。

以前、知人宅のパーティーで出会った40代のフランス人女性は、3度目の結婚式を準備している最中だった。もちろん相手は3人とも異なるわけだが、結婚にまったく興味のない私としては、いくら再婚したとしても、どうして3度も結婚式をするのかと、思わず聞いてしまった。

「それまでの2回の結婚は、愛していたからではなかったから。今度こそ、愛する人と結婚するため、絶対に結婚式を挙げたいの」

どこまでも追及するのは「愛」なのである。

ところで、日本人の「結婚する理由」は何なのだろう？　気になって調べてみた。

結婚式場や披露宴会場を運営するアニヴェルセル株式会社が2014年、20〜36歳の男女1374人に調査。質問自体は「彼（彼女）が欲しい、結婚したいと思う（思った）理由」（*20）のため、対象者すべてに実際、恋人がいるとは限らないのかもしれない。調査年も対象年齢等も若干異なるが一応、参考までに。

●女性（897人中）
第1位　子供が欲しいから（135人）
第2位　家族、家庭を持ちたいから（96人）
第3位　寂しいから（71人）

●男性（477人中）
第1位　寂しいから（63人）
第2位　家族、家庭を持ちたいから（35人）

第3位　子供が欲しいから（30人）

まさに「結婚しないと子供が作れない」と言った、日本的な結婚観を表している。ちなみにフランス人の結婚する理由の上位には入っていないけれど、30％以上の回答で3つのカテゴリーすべてに入っているのが「家族を作るため」。「結婚＝家族」であるのは、世界共通の考えなのだろう。

しかしながら、フランス人で断トツの理由だった「愛」が、日本人の理由にまったく見当たらないとは！（そもそも設問がなかったからなのか？）

逆に「寂しいから」は、フランス人の結婚したい理由にはまったく見当たらなかった。

「金のための結婚」という長い歴史のあるフランスでも、現在はご覧のように恋愛結婚が主流である。しかし、ようやく当人同士の意思だけで結婚を決められるようになったのは、ごく最近のことなのだ。

再び、『アンシアン・レジーム期の結婚生活』を見てみよう。1646年にノルマンディの貴族アンリ・ド＝カンピオンが、彼自身の結婚を決意した時の記述がある。

「（前略）わたくしは、結婚というものは、二つのこと、すなわち愛もしくは利益をあるいはその両方を考慮したうえでのみ決められるものだということを承知していた。そして、愛によって結婚する者は、たいていは非難されるが、その非難はほとんどの場合結果的に当を得ていて、彼らの結婚はおおかた不幸な結末に終わることを承知していたし、利益のために結婚する者は、その満足がおおかたは表面的なものにすぎないにしても、世間からは高い評価を得るということもわかっていた」

まさに現在でも結婚を決める上で十分に通用する言葉だろう。いくら恋愛している相手との結婚を、自分で決められる時代になったとしても、愛だけではうまくいかないのが現実だ。アンケート結果を見てみても、実は日本人の方が現実的で堅実な結婚観があると言えるかもしれない。しかし、それでもフランス人が結婚に「愛」を求めるのは、やはり彼らがロマンチストで恋愛大国の国民だからなのだろうか？

愛し合ってはいけない結婚

それこそ、結婚に「愛」が必要ではなかった時代が、実は長かったのだ。

キリスト教が婚姻に関する教会法を整え始めたのは12世紀のこと。その後、時代とともに様々な見解や議論によって細部を作り替えていくが、大綱は次の通り。

「配偶者同士の合意のもと、司祭や証人の立ち合いにおいて契約を交わす婚姻は、神から与えられる秘跡である。よって一度結ばれた婚姻の解消は決して許されるものではない」

配偶者同士の合意といいながらも、身分の釣り合いや家の財産状況によって、最終的な決定権は両親にあったというのは前述したとおり。経済的な利益を追求するために、嫁がもたらす持参金を目当てに結婚する男性も多かったのである。

さらに夫の家に入り、夫に服従することは妻の義務であるなど、さまざまな条件が婚姻を結ぶ上で課せられていた。

そして、子供を作ることも婚姻の重要な目的のひとつであった。したがって、婚姻によって結ばれた夫婦間の性交にも、カトリック教会によるさまざまな規律があったのだ。特に大罪とされたのは生殖を目的としない、快楽のみを求めるセックスである。避妊のための膣外射精はもちろんのこと、マスターベーションすら許されなかった。

そのために、婚姻内のセックスは清く正しく慎み深いものであるべきとされ、欲情に駆り立てられて性的快楽を求めるならば、婚姻外で行われるべきという、滅茶苦茶な解釈へとつながる。簡単に言えば、性欲は不倫で解消しろと言うわけだ。

教会法によって、婚姻が神聖化されればされるほど、人々は俗を求めて不倫に走ったわけである。

さらに、「不倫」が美徳とされた時代もフランスにはあったのだ。

恋愛の発祥とも言われるのが、12世紀の南フランス。まさに婚姻を定める教会法が作られた時期である。当時は封建制社会であり、領主に雇われた騎士が領土を守っていた。その騎士の士気を高めるために利用されたのが、領主の妻である貴婦人。高貴な女性の気を惹かんがために、騎士たちはせっせと戦いに挑んだのである。

庶民の女性たちの地位は低く、夫に従属しなくてはいけないという婚姻に縛られていた頃、一方で上流階級にいる既婚女性たちは、貴婦人として男性に崇拝されてもいたのである。世の中の規範は、身分によっても完全に異なっていたのだ。

その身分違いの貴婦人から、ささやかなる愛情を受け取ることが、騎士の報酬のひとつでもあった。相手は既婚女性であるため、性的な関係はナシのプラトニックラブだったようだけれど、一種の不倫であったことは間違いない。この騎士道恋愛が、17世紀以降に既婚の貴婦人を中心とした恋愛ゲームとなる「不倫」へと展開し、宮廷風恋愛として持てはやされるようになるのだ。

不倫は恋愛の形だったわけである。

不倫は結婚からの逃避法

障害があればあるほど、燃え上がるのが恋愛感情。「ロミオとジュリエット効果」とも言われるこの心理は、まさに「不倫」を燃え上がらせるにも効果的だろう。

時は遡り、1857年に刊行されるとともにベストセラーになった、小説家ギュスターヴ・フローベールの『ボヴァリー夫人』(＊21)で、19世紀の中流階級に位置する女性の人生を垣間見ることができる。

修道院の寄宿生活から実家に戻っていたエマは、開業医の下へ嫁ぐ。しかし結婚生活は彼女の夢見ていたものとは程遠い、退屈な毎日だった。その虚無感を埋めるかのように、家を飾り、お洒落をして分不相応の浪費を重ねるようになったエマは、さらには不倫関係を持つようになる。そして、膨らんだ借金のために財産を差し押さえられ、不倫相手にも見捨てられたエマは服毒自殺を図るのだ。

現実の自分を見ず、理想像ばかりを追い求める「ボヴァリズム」という言葉を生み出したとされるこの物語。私には結婚しか生きる道がなかったその時代の、哀れな女性像に思われてならない。死ぬまで続くであろう空虚な結婚生活からの唯一の逃避の手段が、不倫だったのだ。

しかし、結婚の束縛から逃げ出したいエマとは逆に、元々自由な身分である相手の男たちは、彼女を救い出してはくれなかった。たとえ、不倫相手とうまく行ったところで、その後にあるのは、新たなる退屈な結婚生活なのではないか？　もちろん、離婚は認められていなかったし、結局、死ぬことでしか、彼女は自分の人生を変えることができなかったのではないか？

教会法では女性は結婚するまで処女でいることが当然であり、20世紀前半まで建前としては、それが人々のモラルとして生き残っていた。

『アンシアン・レジーム期の結婚生活』はこう記す。

「未婚女性の純潔のほうはどうかといえば、純潔は女性の特別の名誉だから、たしかに監視されていた。ただし、それはとりわけ妊娠したら困るからだ。（中略）

要するに、大半の未婚男性とごく一部の未婚女性は、純潔のままでいるどころか、結婚前に性生活をもっており、しかもそれは多様な形態を帯びることがある、と考えてよい。未婚の男性のなかには人妻と不倫をする者もいる。これには利点があって、場合によっては、人妻にできた子どもを裏切られた夫の子だとしてしまうことができる」

カトリック教会の純潔や禁欲的な教えとはほど遠く、現実的に人々の道徳観はそんなものだったのだろう。実際には婚姻外で生まれた非摘出子が少なからずいたのだ。多くの場合は女中や奉公人、工場で働く貧しい女性たちだった。

「今より安定した生活を得られるのではないかと期待して、あるいは言うことを聞かなければ追い出されるのではないかと恐れて、彼女たちは男の口説きに負けて身を任せる」（アンシアン・レジーム期の結婚生活）

しかし男たちは目的を果たした後、彼女たちを捨てたと言う。

1883年に刊行されたギィ・ド・モーパッサンの小説、『女の一生』（*22）では、『ボヴァリー夫人』のエマとは逆に、夫に裏切られる女性が描かれている。

貴族階級に生まれた主人公のジャンヌは、修道院生活の後、憧れていた結婚を果たすも、すぐに女中が妊娠していることが発覚。結局、子供の父親は夫であることが分かるが、周りからの説得で結婚生活を続ける。しかし、夫はさらにジャンヌの友人にも手を出し、不倫相手の夫に殺される運命となる。その後、溺愛して育てた息子には金を無心され、財産を失うジャンヌ。人生を男たちに振り回されつつも、最後まで家族を守る女であり続けた。

夫の裏切りの後、ジャンヌを説得する両親だが、それは彼ら自身にも「身に覚えがあったこと」だったからなのだ。不倫は隠されていながらも、ごく普通に行われていたことだった。村の教会で行われる結婚式に来る新婦たちも、たいていがすでにお腹が大きくなっていた。もし、妊娠してしまったのならば、素早く相手を見つけて、結婚させなくてはいけないと神父も言う。結局のところ、子供の父親は誰でもよく、結婚は体裁を繕う手段でもあったのだ。

いつの時代も、「結婚」と「不倫」が常に一緒にあったと言うことだ。

恋愛結婚を夢見て

さらに、時代は現代に近づき、『ベル・エポックのフランスにおけるブルジョワ女性』にはこんな記述がある。

「（前略）『フェミナ』は、1906年1月15日、『真の幸福はどこにあるか？　恋愛結婚、独身、寡婦、理性的結婚、金銭結婚のどれか？』と読者に問いかけ、それに対して、8878通の回答を得、そのうち恋愛結婚が6309通、独身が603通、寡婦が1通あり、金銭目当ての結婚が一つもなく、1965通がその他あるいは幸福はどこにもないという結果であったと述べている」

理性的や金銭的な結婚を人生の目標とし、教育されてきたベル・エポックのブルジョワ女性たちの多くも、すでに「恋愛結婚」を夢見ていたのである。

しかし、「幸福はどこにもない」という悲観的な回答がそれなりにあるのは、当時の女性の哀れな状況を示しているのでは。また、「結婚するよりも独身でいたほうがいい」と言う意見も、独身が目の敵にされていた時代に、少数ながらあったことが興味深い。

フランスで性の解放が行われたのも、かの五月革命がきっかけだった。避妊用ピル解禁法成立が1967年、中絶が合法化されたのが1975年と、女性が自分で性をコントロールできる時代がようやく訪れたのだ。同時にヒッピーたちのフリーセックス時代が到来し、さまざまなセックスの形の中にフランス人は愛を探し求め始めたのである。

こうした長い歴史を経て、ようやく「愛のある結婚」を手に入れたフランス人。かつての金銭的な結婚や偽善的な結婚を知る人々にとっては、なおさらのこと、結婚に愛を求めるのは当然のことかもしれない。しかし、その「愛」は、果たして死がふたりを分かつまで続くものなのだろうか？

結婚へのフランス的ステップ

低下し続ける婚姻率

念願の恋愛結婚を獲得したフランス人ながら、結婚する人の数は減る一方だ。

戦後、1946年に一気に12.8（1000人当たりに対する数値＊23）まで上った婚姻率は、1956年まで下がり続けたのち（＊16）、1972年に再び8.1（＊5）へと上昇。1973年から再度下り坂になり、80年代後半から若干持ちこたえつつも、2000年で5.0。以降、現在まで下がり続け、2016年は戦後最低の3.5を記録する。

1946年から70年まで続いたフランスのベビーブーム。その世代が結婚適齢期に入り、こぞって結婚してくれるはずだった1973年以降に、まんまと婚姻率は徐々に下がり始めるのである。

1968年、結婚せずに一緒に暮らしているカップルの割合はたったの2.9%（*24）で、婚外子はたったの6%だったと言う。

平均婚姻年齢が最も低くなったのは1971年で男性が25.9歳（*25）、女性が23.8歳。1974年までほぼ同年齢を保っていたのが、その後上がり始める。75年まで続いた高度経済成長期が終わり、世の中は不況への道を歩み始めていた頃でもあった。

いい仕事に就こうとすると就学期間が長くなり、就職する年齢も遅くなる。70年代に、そんな経済的な理由から、結婚はできないが同棲するカップルが増えていく。90年代初めには、若いカップルの90%が同棲によって共同生活を始めることになるのだ。

それまでの民法が改正され、1972年に事実婚で生まれた非嫡出子にも嫡出子と同等の権利と義務が与えられたのも大きい。時同じくして、増え続ける同棲カップルに対し、婚姻カップルと同様の社会的な待遇を与える法律が整えられていくことに。

減り続ける婚姻の数に対して、増え始めたのが離婚の数だ。1963年に0.6（1000人当たりに対する数値*5）だった離婚率は1986年に初めて2.0に。その後も少しずつ上がり続け、2005年に最も高い、2.5を記録する。

結婚しても事実婚でも同じような保障を受けられる上、離婚の際の面倒な手続きがないとなったら、結婚しない人が増えるのは当然ではないか。

そして1999年にパックスと呼ばれる、新たなるカップルの形態が加わった。「民事連帯契約」と呼ばれるパックスは、そもそもは婚姻を結ぶことが許されなかった同性カップル向けに制定されたものだった。2013年にフランスでは同性婚も認められるようになり、現実的にパックスを交わすのは異性カップルがほとんどだ。

選べるカップルの形

婚姻同様の法的権利を得られるのはもちろんのことながら、パックスは締結も破棄も婚姻よりも簡単だと言う利点がある。契約を結ぶ際は裁判所で自ら作成した契約書を提出し、公証してもらうだけ。破棄する時は、どちらか一方の署名があれば解約ができるというもの。

ちなみにフランスの結婚は、役所で公示されることから始まる。公示期間に婚姻に異議のある人が出てこなければ、保証人の立会いの下で契約を交わす。その後、教会で伝統的な式を挙げてもいいし、披露宴と言ったパーティーを開くなどは個人の自由だ。パックスも同様に、契約後にパーティーを開く人もいる。

したがって現在、フランスのカップルは、「結婚」、「パックス」、「ユニオン・リーブル（事実婚）」の3つの形が選べるということ。「結婚」と「パックス」には細かく見れば、相続に関する違いなどがもちろんある。しかし、2005年には、パックスしたカップルでも婚姻と同様の税制に対する優遇措置を受けられるようになるなど、「パックス」は「結婚」への形態にさらに近づいている。

2016年に異性カップルの間で取り交わされたのは、結婚5（*2）に対してパックス4の割合だった。数の上でも両形態は近づきつつあるのだ。

カップル全体の割合で見てみると、パックス制定以前の1990年は、カップルのうち結婚しているのが87%（*26）、ユニオン・リーブルは13%だったのが、2016年には結婚が73%、パックスが7%、ユニオン・リーブルが20%となっている。制定されてから20年弱のため、パックスはまだ少ないが、今後も割合はますます増えて行くことだろう。

私が最初のフランス人の彼とパックスを結んだのは、フランスで暮らすために必要な、私の滞在許可証を得るためだった。パートナーが外国人ならば、滞在許可証がもらえる利点もパックスにはあるのだ。

その後、前の彼が中国へ行ってしまったため、パックスを破棄。手っ取り早く、現在のパートナーと再度パックスを結んだという、言ってみれば安直な考えの下なのである。そして現在まで、パックスを破棄する危機には瀕していないし、かといって結婚へ移行する理由も見当たらないため、この状態でいるだけ。

パックスを結ぶ多くのフランス人も、「とりあえず」契約しておこうと言う人が多いのでは？　パックスを結んだカップルが、子供が出来てから改めて結婚する人もいる。もちろん、パックスを経由しなくとも、事実婚から直接結婚する人も多い。

2011年から2014年の統計ではフランスのカップルのうち、半分以上がユニオン・リーブルの形態を取る（＊27）と言う。さらにユニオン・リーブルのカップルのうち、4年後に事実婚の状態のままでいるのは半分以下だとか。事実婚を解消した人々の約半分は別れるためで、約半分は他の形態へと移行している。

年齢によっても、カップルの形態の割合は異なる。ユニオン・リーブルのカップルの平均年齢は38.5歳、パックスのカップルは37.5歳、結婚しているカップルは55.5歳。上の世代に既婚者が多いとともに、歳を取るにつれて、正式な結婚と言う形を取る人も多いのだ。

3年以内にパックスか結婚へと移行しているのは、ユニオン・リーブルのカップルの中でもより裕福な層だとも言われる。経済的な理由から、次の段階へ踏み切れない人も多いのだろう。

結婚するタイミング

30歳になるまで、恋人を連れて来ることもなく、周りから散々心配されていた男性の知人がいる。去年、初めて恋人を紹介しに来たかと思えば、結婚することにしたのだとか。と、そのタイミングで彼女の妊娠が発覚。

取り急ぎ、結婚パーティーは延期して役所で婚姻契約だけを交わし、一緒に暮らし始めるとほぼ同時に赤ちゃんも生まれたのだった。今やフランスでは珍しくはあるが、いわゆる結婚の伝統的なステップを踏んだのである。

しかし、その時の周りにいるフランス人の反応と言ったら！

「同棲もしたことがないのに、最初から子供のいる共同生活は大変だろう。長くは続かないに違いない」と、厳しい意見で一致していた。まさにフランス人の結婚のイメージがどういうものであるか分かると言うもの。

同棲というカップルのお試し期間を過ごしてから、子供を出産し、それでも問題がなければ結婚する。結婚と言う正式な契約を交わす前に、先に家族という枠組みを作ってしまうのが、フランスでは主流なのである。


今年、第1子を出産した31歳のオードは、まさに現在のフランス人カップルの典型的なパターンだと思う。26歳まで学生で修士を取り、仕事を始めるとともに恋人と暮らし始める。28歳で彼と共同出資で小さな家を買い、29歳で妊娠。子供が生まれた今でも、子供の父親とは事実婚のままである。

「結婚するにはお金がかかるから、今のところ結婚する予定はないわ。とにかく仕事をしなくちゃいけないし、家も買って子供も作ろうと思ったら、結婚をしている暇もお金もない」

よくよく考えてみると、結婚はしようと思えば何歳になってもできるのである。でも、子供を産むのは、女性にとっては年齢が限られるのは確かだ。一緒に子供を作りたいと思う相手が現れ、出産ができる環境が整ったならば、迷っている暇はないのだ。

2016年のフランスの平均婚姻年齢は、男性で38歳（*25）、女性で35.5歳である。「愛」のある結婚を求めるフランス人だからこそ、実は「結婚」には用意周到なのかもしれない。

第３章

愛は永遠に続くものなのか？

Chapitre 3

L'amour dure-t-il toujours ?

結婚しても愛を求めて

フランス人の離婚する理由

できちゃった婚のセゴレーヌが33歳で離婚を決意したのは、結婚生活8年目のこと。

「愛があって結婚したわけではないから、結婚生活は最悪だった。たぶん周りには、夫婦仲が悪いとは見られていなかっただろうけれど。まずは長い間、夫婦の間にセックスがなかった。でも、最初は大したことじゃないと思っていたわ。それでもその問題は亡霊のように、常に家の中に漂っていたの。そして話すこともほとんどなく、彼との生活が心の底から退屈だった。たぶん、彼もそうだったと思うけれど」

恋愛結婚が主流で、妊娠自体が結婚の動機になることが珍しくなったフランスでは、セゴレーヌのパターンは稀だろう。そして、いわゆる仮面夫婦として一緒に生活を送っている人も、フランスにだって確実にいるのだと思う。それでも、夫婦間に愛がなくなれば結婚生活は終わりだと思うフランス人は多い。

２０１６年、「フランス人と離婚」(＊28)をテーマに、日刊紙ル・パリジャン用に統計会社オドクサが実施したアンケート結果を見てみよう。18歳以上のフランス人の男女１０２０人を対象に、「離婚になりうる理由」を聞いたところ、「はい」と回答が多かった上位は以下の通り。

1位　不貞　88％（離婚経験者90％）
2位　片方の要求に十分に耳を傾けない　88％（離婚経験者88％）
3位　恋愛感情がなくなった　86％（離婚経験者87％）

まさに恋愛大国、フランスらしい回答である。「愛によって結婚」をするのならば、「愛がなくなれば離婚」するのも当然というもの。上位ではないものの、「セックスレス」は7位で69％（離婚経験者70％）の人が理由になりうると答えている。

挨拶のビズから始まり、感情を体で表すことがごく普通であるフランス人。恋人同士ならば、あいさつはキスになるし、手を取り合ったり、体に手を回したりといったスキンシップは日常的なこと。セックス自体も愛情表現やコミュニケーションのひとつであるわけで、上位3位にある離婚の理由へと行きつくには、やはりセックスの頻度や満足度がお互いに低下していることも原因であろう。

それにしても、またもや結婚の前に立ちはだかる敵は「不倫」なのである。

結婚の大敵は不倫

続いて、2016年、不倫(!)出会いサイトのグリーデン用に統計会社イフォップが実施した、「フランス人と不貞」(*29)の統計である。18歳以上の男女2003人を対象としている。「現在のパートナー以外の人と性的な関係を持ったことがあるか」の設問に、「まったくない」が82%に対して、18%が「ある」と答えている。これが生涯の話になると、割合がだいぶ変わる。

「人生において、パートナー以外の人と性的な関係を持ったことがあるか」の設問に、「まったくない」は59％に対して、「ある」は41％である。

年代による推移で見てみると、1970年に「ある」と答えた男性は30％に対して女性はわずか10％。2016年は男性が49％に対して、女性も33％にも上っている。

2016年、現在に不倫経験があると答えた人を年齢別で見てみると、男女とも65歳以上がもっとも多く、男性は30％で女性は16％。過去に不倫経験がある人の年齢別では、65歳以上の男性が最も多く、なんと59％。そして、男性の35歳以上の50％以上が、「不倫をしたことがある」と答えているのだ。まさに男性の半数以上が不倫経験者だということ！

さらに、性生活の満足度となると、現在に不倫経験がある男女とも「十分に満足していない」人がもっとも多く、男性は35％、女性は15％である。感情面でも「十分に満足していない」人がもっとも多く、男性は44％、女性は16％。まあ、パートナーに満足していない男性が浮気をする、というのはよくある話だ。

ちなみにカトリックの国であるフランスながら、過去に不倫経験がある人を宗教別に見てみると、無宗教の男性は53％で女性は34％ながら、カトリック信者の方が割合は高くなり、男性は56％、女性は36％となっている。「貞操」を説くカトリック教会ながら、その教えは浮気をする妨げにはならないらしい。

もうひとつの「不貞」に関する2016年の統計を見てみよう。こちらも同じ統計会社イフォップだが、不倫出会いサイトのディイラブ用のもの（＊30）。18歳以上の女性のみ、3406人を対象としている（現在、カップルである女性も、独身女性も混合）。

この中で「不倫するであろう決定的要因」の項目がある。

第1位　相手の肉体的または性的な魅力　62％
第2位　相手への愛情　55％
第3位　現パートナーの思いやり、愛情、関心の欠如　50％

愛情よりも肉体的魅力が上位に来ているのは、女性でもアヴァンテュールを求める人が多いと言うことなのか？

逆に「不倫しないであろう決定的要因」の項目もある。

第1位　パートナーとの愛情や感情の面での満足　72％
第2位　家庭生活をダメにする危険がある　58％
第2位　パートナーとの性生活の満足　58％

たとえ家庭を壊す危険があるとしても、パートナーに満足をしていなければ浮気をする女性も多いというわけだ。

不倫大国、フランス

実は、フランスでは1975年まで、婚姻外の性交渉は姦通と呼ばれ、刑法上の「犯罪」だった。したがって、それまでは夫を裏切った妻は、姦通罪で監獄に送られることもあったのだ。逆に姦通した夫は、罰金を払うだけでよかった。しかも、罰金刑に問われるのは、夫婦の家の中で裏切りがあった場合だけだったのである。

しかし、その昔は犯罪であったとしても、現実には多くの人が婚姻外で性的な関係を持っていたことはすでに見た通り。特に「結婚」に経済的な利益を求められた時代では、「不倫」に恋愛を求めても仕方があるまい。

また、カトリック教会の神聖なる夫婦生活の教えにより、婚外に燃え上がる愛を求めるのは、もっともなこと。もしかしたら、現在でもカトリック信者の方が、不倫経験者の割合が高くなるのは、教会の教えに従った結果なのかもしれない！

ボーヴォワールの『第二の性』には、こんな記述が出て来る。

「(前略) 男は夫および生殖者としての種の任務を果たしながら、確実に快楽を得る。逆に女にあっては実にしばしば、生殖機能と性的快楽が分離する。その結果、結婚は女の性生活に倫理的威厳を与えると称しつつ、実は女の性生活を抹殺しようとしているのである」

婚姻によって夫に従属しなくてはいけなかった妻にとって、夫婦の性交は「夜のお勤め」でもあったのだ。さらに結婚に、子供の出産という役割がついて回る女性にとって、子供の父親となる夫との性行為は生殖を目的とするのは必然。現在も子供の出産後、夫に性的な関心を持てなくなった妻というのはよく聞く話である。

となると、結婚生活以外に性的快楽を求める男性がいるように、同様の女性がいるのは、ごく普通のことかもしれない。そもそも、「結婚」という縛りがあるからこそ、「不倫」という解放が生まれるわけなのだから。


不倫出会いサイト、グリーデン用の統計会社イプソスによる、2010年のヨーロッパ3カ国を対象にした「不貞」（＊31）の統計がある。既婚者またはカップルで暮らす、フランス人の男女500人に対する結果だけを見てみよう。

「不貞をしたパートナーを許すことができるか」の設問に、「決して許さない」が42%に対して、「状況によっては許せる」が35%、「確実に許せる」が14%、「すでに許したことがある」が9%と、「許せる」と答えた人が58%である。

「不貞をしていても、パートナーを愛することができるか」の設問では、「絶対できない」が47%に対して、「状況によってできる」が37%、「絶対できる」が16%で、「愛することができる」と答えた人が53％もいるのだ。

両方の設問に「はい」と答えた人の割合は、対象国のイタリア（51％と45％）とスペイン（57％と48％）よりも多かったフランス。フランス人は不倫に寛容だということなのだろうか？

恋愛結婚の行く末

そもそも自分が不倫をするならば、相手にも不倫をする権利を認めなくてはいけないというのは、個人主義のルールである。

現在では、刑法上の犯罪ではないながら、民法上の過失である不貞。前述したようにフランス人にとって「離婚する理由」の第1位だ。

実際に愛し合って一緒になったカップルだからこそ、相手に裏切られた時の痛手も大きいというもの。やはり、場合によっては離婚の危機になりかねないのは当然だろう。

それでも不倫をしてしまうのがフランス人なのである。

そうなると、そもそも結婚と言う制度は、「愛」を求めるカップルに必要なのだろうか？愛と言う、一度燃え上がった情熱の炎は、いつかは小さくなるものだろうし、結婚と言う平凡な日常生活を一緒に過ごしてしまえば、その炎が鎮まるスピードも速くなるというもの。そして人々は、愛が弱まった結婚の外に、新しく燃え上がる愛（不倫）を探し求めてしまうのではないか？

逆に「1度別れること」は、愛の再熱にも効果があるようだ。

「現在の奥さんは1番目と4番目のパートナー」と言う、間に別の2人の女性を挟みながら、結局最初のパートナーと別居ながら一緒に過ごしている、70代の男性。

「離婚をして子連れで新しい恋人と数年暮らすが、元妻の下に子供とともに戻った」と言う、50代の男性。

「離婚から20年経ってから、元妻と再婚した」と言う60代の男性。

例を挙げ出せばキリがないほど、元パートナーと寄りが戻ったフランス人も多いのである。

かのボーヴォワールも、哲学者のジャン＝ポール・サルトルと結婚はせず、お互いの自由な恋愛を認めつつも、生涯のパートナーであった。彼女自身、自らの人生で結婚制度の矛盾を明らかにしたのだろう。

愛を求めるフランス人だからこそ、結婚したがらないのは、当然と言えば当然のことなのだ。

愛がなくなれば別れるのみ

女性が得た離婚する権利

「45歳で結婚したのは、その時の事実婚のパートナーが転勤でベルギーに行くことになったから。私も一緒に行くのならば、彼が勤める会社に私の社会的地位が必要だと言われたの。結局、そんなものは必要なかったのだけれど、子供もまだ小さかったし、一緒にベルギーに行って子育てに励むのも悪くないかもって」と話すのは、離婚経験者のカトリーヌ。

現在64歳だと言う彼女は、年齢を聞かなければ確実に10歳は若く見える。赤毛にブルーの濃淡の幾何学模様が入ったトップスが絶妙な色合いで、センスも抜群。まだ現役で、フリーでビジネスコーチをしているという職業柄、身振りも話し方も人を説得するような自信に溢れている。

「当時、働いていた広告代理店を1年間休職したのだけれど、夫は出張が多くてほとんど家に居ない状態。子供と2人で取り残されたような生活に首が締まる思いをしたわ」

しかも休職中に、彼女のマネージャーの地位に他の人が抜擢され、職を失いそうな羽目になる。育児休暇が取れると言えども、職種によっては自分の地位に戻れる保証はない。よって、カトリーヌは勤め先に80％の仕事量で、仕事に復帰することを提案。自分がいない間の子供の世話は、夫とベビーシッターに頼み、週半分をパリで、もう半分をブリュッセルで過ごす生活が始まった。

「ひとつの足をパリに置き、もうひとつの足をブリュッセルに置いて、まるでエッフェル塔のように踏ん張っていたわ」

そんな彼女の頑張りも空しく、仕事はうまくいかなかった。と同時に夫婦仲も悪くなっていく。そして彼女は49歳の時に、自分の仕事をするべく夫と別れ、9歳だった一人息子を連れてパリに戻る決心をする。

「ブリュッセルの生活は楽しかったし、ぜんぜん退屈ではなかったのよ。元夫は十分に稼ぎがあったし、住んでいた300㎡のアパルトマン内だけでもやることはいろいろあった。でも、私には結婚生活が合わなかったから、他の生き方を選んだだけ」

1789年のフランス革命によって国家と教会が分離。1792年には「神の秘跡」とされていた婚姻が「民事契約」となり、離婚が初めて認められるようになった。が、王政復古で1816年に再び離婚は禁止。1884年のナケ法で再度復活するが、配偶者の一方に過失があった場合のみだった。

ようやくフランス人女性が離婚する権利を得たのは、1975年に相互合意離婚が可能になった時のこと。2004年の法改正で離婚裁判が簡略化され、さらに2017年に離婚の手続きは迅速化された。お互いに雇った弁護士を通して合意に至ったならば、裁判所を通す必要はなく、公証人の前で手続きをするだけになったのだ。

そんなフランスでの離婚の歴史は離婚数にも顕著に表れている。1970年代から緩やかに増えていく離婚率は、2004年の法改正により、2005年に2.47（1000人当たりに対する数値*32）の最も高い数値を示す。その後、少しずつ減り続け、2014年に1.86となるが、2016年は再度上がり1.92（推定値）。2017年の法改正で再び上がると見られている。

離婚を可能にする経済的自立

1年間の同棲後、家族からの圧力で結婚したノラが35歳で離婚を決意したのは、結婚生活7年目のこと。

「学生の時に知り合った相手だったのだけれど、働き出したら収入よりも支出が多い人だったのね。広告代理店でアシスタント・ディレクターとして働いていた私が、家を経済的に支えていたわ。一家の銀行家であるうえに、家政婦であり、看護婦でもある。家庭でのすべての役割を果たさなくてはいけない状態に、疲れ果てたの。アパルトマンと車を彼に残して、5歳の娘を連れて自分から家を出て行ったわ。借金さえも私がすべて返したのよ!」

いくら法改正され、離婚する権利を女性が得たとしても、最終的に離婚の決断ができるのは、女性も仕事をして経済的に自立をしているからだ。

フランス人女性が仕事をしたいと考えるのも、もちろん仕事自体にやりがいを感じている人も多いけれど、何と言っても自立のためだろう。職を持つことは、自分の人生を自分で決める術を持つことである。男性が人生を変えてくれるのを待つしかなかった、「ボヴァリー夫人」の時代に戻りたくないと思うのは当然のこと。フランスで専業主婦がよく見られないのも、そこから来ているのではないか。

フランス人女性が夫の許可なく働くことができるようになったのは1965年のこと。1975年に59.3％（＊17）だった25～49歳の女性の就労率は、2017年には82.6％になっている。男女平等のイメージがあるフランス、世界男女格差指数は2017年で11位（＊33）である。フルタイムの賃金に換算すると、2015年の統計で女性は男性よりも18.5％（＊34）少ない給与となっており、男女の待遇は決して平等ではない。そして、仕事を持つ夫婦で1日の家事にかける時間は、女性が平均3.26時間、男性が平均2時間だそう（2010年統計値＊35）。外で働いているにもかかわらず、女性は男性よりも家事をするのがフランスでも当たり前なのだ。

ちなみに日本の状況を見てみると、家事時間は有配偶者で男性が平均49分、女性が平均4時間55分を費やしていると言う（2016年統計値＊36）。女性は専業主婦が含まれているから時間も長いのだろうけれど、男性の短さにはびっくり。2015年の賃金格差は25.7％（＊37）。

世界男女格差指数は2017年で114位というのも納得である。

長い人生、長い結婚生活

結婚年数で見てみると、離婚数がもっとも多いのが結婚生活5年目(*38)のこと。「愛し合える」賞味期限は5年と言うわけなのだろうか。1970年から2014年までの推移を見てみても、結婚してから5年までが急カーブで離婚する人が多いのが分かる。ちなみに、結婚生活5年までが離婚する確率が高いのは、日本も同様である。

9年目くらいまで離婚率は高いが、それを過ぎれば結婚生活が長くなるとともに離婚率はなだらかに減っていく。2008年以降、離婚した人の平均の結婚年数は約15年で現在まで変わらず、こちらは1970年の約12年よりも長くなっている。

果たして、結婚生活15年は長いのだろうか、短いのだろうか。

私と同世代のエレナも話していたが、私たちの親世代より上になると結婚生活50年以上という夫婦も多い。

年代別に離婚率を見てみると、結婚生活40年までに離婚をしている割合は、1968年に結婚した人で26%、1970年で29%、1974年で32%。若い世代の方が、離婚する時期が早くなっているわけだが、不倫をする率が男女とも上がっていることを見ても、世の中のカップルは昔ほど、辛抱強くないということなのだろうか？

実は長い婚姻の歴史を振り返ってみると、結婚生活50年というのが驚異的な数字だということが分かる。

『アンシアン・レジーム期の結婚生活』によれば、17、18世紀のフランスにおける庶民の平均初婚年齢は、男性で27〜28歳、女性で25〜26歳。すでに晩婚傾向にあったのは、その年齢までかかって結婚するための経済的な条件を整えなければいけなかったし、女性は結婚後の出産可能期間を短くすることで、避妊の意味もあったと言う。

「（前略）結婚は、永遠の結びつきというよりは、数年間をともに過ごすために二人を結ぶ契約であるかのようだった。クリュレ（※ノルマンディ地方にある小教区）では、十八世紀に、夫婦のどちらかが死亡した結果として、結婚の半数以上（五一・一パーセント）は十五年未満しか続かなかったし、三分の一以上（三七パーセント）の結婚の継続期間は一〇年未満だった」

生まれた子供の半数が10歳にも達せずに死亡したという18世紀半ばでは、フランスでの出生時の平均余命は25歳（＊39）を超えなかった。１９００年にようやく45歳になり、２回の世界大戦で急降下するも、１９４５年には男性で71.3歳（＊23）、女性で79.4歳まで上昇。２０１７年の出生時の平均余命は、男性が79.5歳、女性は85.4歳まで上っている。

人生が長くなったことで、いわゆる「死がふたりを分かつまで」の期間も長くなってしまったわけである。

もちろん、初婚年齢自体も上がっており、２０１６年のフランスの平均初婚年齢は、男性で32.9歳（推定値＊25）、女性で31.2歳である。カップルの半数が同棲から共同生活を始めるフランスでは、この数値は実際の結婚生活の始まりではない。２０１５年のフランス人女性の第一子出産平均年齢となると、平均初婚年齢よりも若い、28.5歳（＊40）である。

寿命が延びて50年以上も一緒に暮らす羽目になる相手を選ぶのならば、同棲というお試し期間を経たうえでじっくり検討したいのは、ごく当然のことではないのだろうか。経済的利益や家系を継ぐのが結婚の理由でなくなった今、カップルを結びつけるものは恋愛感情でしかないのだから。

その脆くて儚い「愛」とともに、さらに「性的欲求」の持続を求めるのが、フランスの夫婦関係である。まさにカップルは危うい綱の上に成り立っていると言うことだ。

となると、恋愛結婚をしたとしても、愛がなくなった時には新しい生活を模索して何が悪いと言うのだろう。仲が悪くなった夫婦にとっては、「死がふたりを分かつまで」なんて待っていられないというもの。

何といっても各々の生き方が自分たちで選べるようになったとともに、その人生はより長くなりつつあるのだから。

新しい人生の始まり

フランス人の離婚に対するイメージ

「夫婦間の問題は一言で言うのは難しいわ。各々が受けた教育にもよるし、文化的な面にもよる。各自が歩んできた人生によって感じ方や考え方が異なるのだから」

パリで家事調停人を務めるキャロリーヌは、毎日、家庭内の問題を抱えてやって来る人々を相手にアドバイスをしている。離婚した方がいいのか、離婚しない方法はあるのか、たとえ離婚をしたとしても子供ができるだけ悲しまない方法はあるのか。夫婦間において最善の解決策を探すのが彼女の役目だ。

子供の住居や養育費のことなど、仲が悪くなった夫婦では話し合いにならないことも多い。そこで、調停人という第三者が間に入ることで、当事者は冷静になって話し合うことができると言う。調停人によって合意に至った場合、弁護士を通さずとも合意書は裁判所に提出することができ、費用を安くあげることもできる。さまざまな人種が住むパリだからこそ、相談者はフランス人だけでなく、国籍も豊かだ。

「パリに住む中国人の男性に嫁ぐために、ベトナムから来た女性がいるわ。知人もいず、異なる文化の国に住んでいて幸せだとは思わないけれど、彼女は与えられた夫と一緒に暮らし、子供を育てるのが当たり前だと思っている。インド人の女性もインド人の男性と結婚するためにパリに来たのだけれど、初めて会った夫は意地悪で暴力を振るうらしい。『ここはフランスだから、離婚ができるんですよ』と話しても、笑って本気にしないの。離婚すること自体、考えられない人々がいるのよ」

結婚8年目でようやく離婚に踏み切った、生粋のパリジェンヌであるセゴレーヌも言う。

「結婚当初は学生だったから、夫の給料で生活をしていたわ。研修医を経て、ようやく一人前に稼げるようになったのは32歳の時。経済的に自立をしていなかったこともあるけれど、伝統的な家庭の教育で、妻は夫に耐えなくてはいけないと教わっていたから、離婚なんてとんでもないと思っていた」

ここまで離婚が多くなったフランスにおいても、実際に離婚へと足を踏み出すのは容易なことではない。そもそも、自分が離婚することになるとは、結婚する時は誰も考えないのだから。


結婚する前に一緒に暮らしていた恋人と別れた時のことを、カトリーヌはこう話す。

「結婚はしていなかったけれど、仲が良かったから常に一緒に行動していたの。まだ若かったし、別れた時は立ち直るのに時間が掛かったわ。今まで『私たち』と複数形で話していたのを、独りになってから『私』と単数形で話すことができなかった。周りに別れたことを隠すためにも、別れた後も『私たち』と話していたわ。カップルでいるのがいいという社会のイメージに自分がブロックされていたのね」

知人宅に招待されたり、旅行に行ったり、カップルで行動することが多いフランス。カップル社会であるからこそ、「カップルでいなくてはいけない」と言う世間の圧力は強いのだろう。

結婚するカップルが少なくなったフランスでは、たとえ事実婚であったとしても世間には夫婦として見られるため、破局に対する悪いイメージは結婚と変わらない。また、カップル同士の付き合いが多いため、パートナーを介して付き合いのあった人々とも、カップルの破たんとともに別れることになるのが、カップル社会の弱みでもある。

したがって、別れるにしても気になるのはやはり、世間なのだ。

統計会社オドクサの「フランス人と離婚」（＊28）に対するアンケートを再び見てみよう。自分の周りに離婚者がいるかという設問に53％が「いる」と答えている。以下は離婚に対するフランス人が持つイメージだ。

第1位　精神的苦痛　86％（離婚経験者78％）
第2位　時代に起因する　82％（離婚経験者82％）
第3位　子供にショックを与える　81％（離婚経験者76％）
第4位　新しい人生を意味する　79％（離婚経験者84％）

離婚に対してよくないイメージを持ちながら、同時に肯定的な見方もあるのが分かる。面白いのが、すでに離婚した人々の離婚のイメージの第1位が「新しい人生」ということだ。離婚経験のない人が持っているイメージほど、離婚した当人たちは悪くは思っていないということだろう。

すでに離婚した人々が、離婚前と比べて「より幸せで生き生きしている」と答えたのが51％、「変わらない」のが40％、「より不幸で生き生きしていない」のは９％。世間の目に反して、離婚者たちは新しい人生を歩んでいるようだ。

再婚するか、独身でいるか

離婚して終わらないのがフランス人。２０１４年の婚姻数で見てみると、配偶者２人とも初婚なのは72％（＊38）で、２人のうち１人が初婚で１人は再婚が18％、２人とも再婚は10％となっている。少なくとも１人以上が再婚である割合は、１９８０年で18％だったのが、１

990年に24%に上り、2000年に26%、そして2014年に28%と一定の数値を保っている。

実は再婚自体は、これまた長い歴史を見てみると、ごくポピュラーなものだったのだ。寿命が短く、飢饉や病気、特に女性の分娩時における死亡率も高かった時代、若い夫婦が死によって別れを余儀なくされることは頻繁だった。庶民にとっては家族が生産の場だったため、夫婦のうち一人でも欠けると経済的に成り立たなくなる。したがって欠けた家族を再構成するために、再婚は必要不可欠なものだったのだ。

とはいえ、昔も今も誰もが再婚するとは限らない。もちろん若い年代の方が新しいカップルを再形成するまでの期間が短い。2013年の統計では、一緒に暮らしていたカップルが25歳以下で別れた場合は男女とも、10人中8人以上が5年後までに新しいカップルになっている(*41)。35〜49歳の間に別れた場合、5年後に新しいカップルになっているのは、男性は10人中5人、女性は10人中3人で、男女の値に差ができる。幼い子供がいる場合は、大抵女性が面倒を見ているためで、子供がいない場合は再形成までの期間に男女の差はない。

しかし、現在では一度失敗した結婚を、誰もがもう一度やり直したいと思うとも限らないだろう。すでに離婚して20年以上が過ぎるノラは言う。

「自分の好きな時に好きなことができる独身で満足しているから、再婚をしたいと思ったことはないわ。家で愛猫2匹と独りでいる時が一番の幸せなの」

もちろん、ノラの場合は自分から家を出て行ったほど、経済的に自立している女性だからということもある。状況によっては自分では望まずに離婚せざるを得ない場合もあるだろう。女性が独り身になった場合、カップルの時よりも平均20％も生活レベルが落ちると言う。いまだに男女で賃金格差がある現状を考えれば当たり前だ。

特に仕事を持っていない専業主婦だった場合、相手から一方的に離婚を言い渡された時は大変だろう。

女性も仕事をして自立ができる時代。いまやひとつの就職手段でしかなくなった結婚は、女性にとっての終身雇用でもなくなったということだ。

人生何が起こるか分からない

運命によって、好まざるともシングルマザーになった人もいる。

家事調停人のキャロリーヌは10年前、出産の約10日前に事実婚のパートナーを脳溢血で亡くした。大きなお腹を抱えて、突然、独りで取り残されたキャロリーヌは、まるで気泡の中にいるようだったと当時を振り返る。

「でも出産にはいい思い出があるのよ。看護婦さんが『マダム、下に10人もの男性がいるのは普通ですか?』って聞いて来たわ。パートナーの友達みんなが病院に集まってくれたの」

現在、51歳で10歳になった息子と2人で暮らすキャロリーヌは、自分1人だけの給料でやって行かなくてはいけない上に、社会福祉の仕事であるため、賃金は高くないという。

「家賃が月900ユーロのうち、住宅手当で300ユーロの補助。ひとり親の支援で225ユーロまたは150ユーロがパリ市からもらえるけれど、月給約1600ユーロだから決して楽ではないわ。一番の援助はパリに住む自分の母親が、週3日息子を預かってくれること。

でも、仕事のためだから、自分の自由になる時間はまったくない。子供を独りで育てるのは、休みなしのフルタイムジョブよ」

離婚を決めた後、合意のために裁判所に行く前日に元夫が自殺。離婚者ではなく未亡人になったカトリーヌは言う。

「突然、勢いよく回された駒のように、何が起こったのか理解が出来なかった。罪悪感もあったし、いろんなことが落ち着くまでに本当に長い時間が掛かったわ。そんな大変な時に周りにいた人々が、みんないなくなってしまったの」

事が重大すぎて、誰も助けられなかったのかもしれないと、彼女は思う。

「それまで私は、自分に強い女のイメージがあることを知っていたから、そのイメージを保とうとしていたわ。でも、息子と2人きりになって『無理かも』と素直に助けを求めたの。そうしたら、手助けしてくれる人が少しずつ現れ始めたのよ」

その事件もすでに15年も前のことだから、普通に話せるというカトリーヌ。ブリュッセルからパリに戻ってからフリーで仕事をし始めたのも、時間に融通が利くし、独りで息子を育てるためだった。当時9歳だった息子を朝、自分で学校に送り届け、夕方はベビーシッターに迎えに行ってもらっていたとか。

「父親がいないことは息子にとって不足している部分だと思う。数年前に付き合っていた男性は父親になろうとしてくれたけれど、ダメだったわ。私は母親だけれど、すべてを息子に与えることもできない。そんな中で息子がゆっくりとでも自分の道を見つけられたらいいんじゃないかと思って。人はシングルマザーを哀れに思うかもしれないけれど、私は自分の立場を悪くは思っていないわ。自分の人生に責任を持ちたいし、何でも自分で決められるのは気持ちのいいことよ」

第４章

子はかすがいなのか？

Chapitre 4

Sont-ce les enfants qui lient les parents ?

子供は離婚の妨げにならない

離婚家庭の子供たち

離婚をする上で、やはり一番の問題となるのは子供だろう。

「以前は子供がいるのに離婚なんてあり得ないと思ったし、ともかく私はしないと思っていたわ。でも、その後、子供たちのために、私の人生すべてを不幸でいてはいけないと思ったの。もし私が彼らの立場だったら、親が自分のために人生を犠牲にしたと言われるよりも、離婚したと言われた方がいいと思う。自分の親の仲が悪かったから、特にそう。子供たちは親の状態を感じるのよ」

結婚の2年後に第2子を出産したセゴレーヌは、息子が7歳で娘が5歳の時に離婚した。

「離婚する時は、自分が自由で勇気のある女性だと思ったわ。周りの知人も、両親でさえも、みんなが応援してくれた。家族の圧力で結婚したけれど、家族の支援で辛い結婚生活から抜け出せたの。パラドックスよね。母親の助けがなければ、離婚なんて絶対できなかった」

離婚時にはすでに自分の診療所を持ち、一般開業医となっていたセゴレーヌは、経済面での自立もさることながら、自分で就業時間を決められるようになった。子供の父親がすぐ近くに住んでいることも幸いで、子供たちは週に半分ずつ、母親の家と父親の家を行き来する生活になった。そして、必要とあればパリにある実家に子供を預けることもできる。

子供の養育費は、毎月それぞれが同じ金額を子供専用の口座に振り込んで各自使う。その他、洋服や雑貨など日常的な出費はセゴレーヌが出し、バカンスなどの大きな出費は父親が出すなど、バランスを取っている。

「離婚した時のイメージはね、8年間の結婚生活で停止していた私の人生が、ようやく再生された感じ。停止されていた時はそんなことには気が付かなかったのだけれど」

「夫婦仲が悪いと子供は不幸だわ」と5歳の娘を連れて家を出たノラも言う。

「特に夫婦喧嘩を子供に見せるのはよくない。それよりは、幸せでいる母親と、幸せでいる父親をそれぞれの側で見せるべき。私たちは結婚した時よりも離婚した時の方を、より祝ったものよ。古い世代は離婚にいい顔をしなかったけれど、自分で稼いでいるのだから、文句を言われる筋合いはないわ」

一緒に暮らしていた時も一家の銀行家だった彼女は、離婚してからも子供の養育費をすべて自分で出したと話す。そして、やはり子供の面倒を見てくれたのは、自分の母親だったとか。

「近くにあった実家に朝、娘を連れて行き、娘は向かいにある学校に登校。お昼はおばあちゃん家でごはんを食べ、再度学校に。仕事が終わってから、実家に娘を迎えに行ったわ。今では娘も27歳だけれど、私が絡むと面倒なことになるから、自分で父親に連絡してもらい、必要な時は金銭面の面倒を見てもらっている。例えば、車の修理代が掛かるとかね。元夫は決して悪い人ではないし、娘にとっては父親であることは変わりがないのだから」

親の権利、子の権利

1972年に事実婚で生まれた非嫡出子も婚姻で生まれた嫡出子と平等となり、2001

年には配偶者がいる人との間（つまり不倫）に生まれた非嫡出子に対する相続差別を撤廃。したがって、親の状況が何であれ、フランスで生まれた子供はすべて平等になった。

さらにフランスでは両方の親による共同親権が定められている。これも結婚だけでなく、パックスや事実婚で生まれた子供でも同様である。そして離婚や別れることになっても、2人の親は自分の子供と親子の関係を保つ権利があるのだ。

離婚家庭の多くの場合、子供は母親と父親の家を行き来して生活する。その頻度や期間は、それぞれの家庭の状況にもよるが、もし2つの家が離れている場合は、大抵は母親の家を居住地とし、学校が休みの期間に父親の家に行くなどで調節する。

カップルの形態と同様に、フランスの家族にもまさにさまざまな形があるというわけ。父親と母親にその子供という構成を「伝統的家族」、片方の親1人に子供の構成を「ひとり親家族」、そして離婚や別れた親が子供を連れて、別の人と再度結婚または一緒に暮らす構成を「再構成家族」と呼び分けている。

2011年の統計によると、フランスの18歳未満の子供のいる家庭で「伝統的家族」は71%（*42）、「ひとり親家族」は18%、「再構成家族」は11%となっている。そのうち、主に2

人の親と暮らしている子供は75％、主に1人の親と暮らしている子供は25％だ。

　この主に1人の親と暮らしている子供の居住地の内訳を見てみると、「主に母親の家で、父親の家は規則的な住居でない」は65％、「主に母親の家で規則的に父親の家」は19％、「主に父親の家で規則的に母親の家」は8％、「主に父親の家で母親の家は規則的な住居ではない」が8％である。

　したがって、1人の親と暮らしている子供のすべてが、完全なるひとり親の下で育てられているわけではないのだ。

　さらに、「伝統的家族」で両親と暮らしている子供だったとしても、時には家に片方の親の子供である異母、異父兄弟姉妹がやって来て、定期的に「再構成家族」になる場合もある。逆のパターンで、通常は「再構成家族」だったとしても、異母、異父兄弟姉妹がもう片方の親の家に行く時は、定期的に「伝統的家族」となる場合もあるのだ。

　ちなみに私がパックスをしているパートナーは、以前の事実婚の相手との間に娘がいる。今年、18歳になって大学に進学するとともに独り暮らしを始めたが、今まで毎週2日を我が家で過ごしに来ていた。したがって、私のパートナーは娘が18歳になるまでは、母親に毎月養育費を渡していた。

右記のカテゴリーで見てみると、通常は「ひとり親家族」で「主に母親の家で規則的に父親の家」であり、定期的に「再構成家族」になるという子供のパターンだということだ。

それぞれの子育ての仕方

「ひとり親家族」の場合には、キャロリーヌのようなシングルマザー同様に、家族支援手当を受け取ることもできる。離婚後に片方の親から子供の養育費が払われない場合などにも援助してもらうことができるというもの。

また、公立の幼稚園に通わせることができる3歳になるまでは、働く母親たちは子供を預ける方法を探さなくてはいけないが、それにも収入に対しての補助金が出される。

しかし、保育園、認可保育ママ、ベビーシッターなどのいろいろな方法があったとしても、料金も条件もさまざまな上、子供の数に対して受け入れる側の数が少ないのも現実だ。

2015年の利用形態の調べによると、認可保育ママが33%（*43）、保育園が18%、2歳からの幼稚園が4%、ベビーシッターが2%で、自分たち親自身や親族、友人がなんと44%にも上っている。本書に登場する離婚者たちが口々に、自分の母親が一番の助けだったというのも納得である。

離婚者ではないが、現在子育て真っ最中の女性2人の状況を見てみよう。

地方都市近郊で暮らしているオードは、育児休暇を終えた生後4カ月目から子供を保育園に預けて、両親とも働いている。都会よりも人数に余裕があり、時期的にもすぐに預けることができたと話す。

「朝は出勤が遅いパートナーが8時半に送り届けてくれ、帰りは私が18時半ごろに迎えに行くわ。子供たちは20人くらいで、保育士さんもいい人ばかりだから気に入っている。保育園料は月に約280ユーロだけれど、すでに補助金が差し引かれた分を払えばいいから助かるわ」

2人とも定時で始まり、定時で終わる会社員だからこそ、利用できるシステムだ。オードとともに、父親であるパートナーも家での子育てには積極的に参加している。

「母親と同じくらい子育てができる父親よ」

パリジェンヌ、オレリアはディスプレイデザイナーの仕事を育児休暇中だ。

「結局、最大3年の育児休暇を取ることにしたの。仕事に復帰してしまうと、朝早くから夜遅くまでの仕事になるし、出張も多いから、様々な手段を駆使して子供を預けなくてはいけない。そのすべての出費を考えると働いた分の多くが出て行ってしまい、何のために働くのか分からないわ。さらに息子に会う時間もほとんどなくなって、子育てもできないのよ」

念願の子供を授かったオレリアにとって、育児はまったく苦ではないという。パリに両親も住んでいるが、まだ仕事をしている母親に子供の面倒を頼むのは難しいとも。彼女が働かない期間の収入はないが、パートナーが自営業のためもあって、自分が子育てに専念するという結論に至ったのだとか。

「これが私たちにとって一番いいやり方だと思う」

パリジェンヌでも仕事の内容や状況によっては、子育てか仕事かを選ばなくてはいけない場合もあるのだ。3年後、同じ仕事に復帰するかは分からない、とオレリアは言う。

両親が揃っていても、子育てはフル稼働である。それを知っていながらも、多くのフランス人女性は離婚することを厭わない。そして、独りであれ、父親と母親が別々であれ、自分の状況に合わせた子育てをして行くのだ。

パートナーへの愛と子供への愛

フランス人の家族を作る動機

カップルの形以上に家族の形もさまざまになりつつあるフランス。フランス人にとって家族とは、一体どういうものなのだろうか？

2017年、市場調査会社ヴィアヴォイスのOCIRP用、18歳以上の男女1003人を対象にした「明日の家族」(＊44)の統計を見てみよう。76％が「パートナーとの愛が一緒に暮らすことの動機」と答えている。それに比べて、「子供への愛と安定が家庭への動機」は49％。家族を維持するには「子供」ではなく、あくまでも「愛」が必要だと思っているフランス人が多いことが分かる。だからこそ、たとえ子供がいたとしても、別れる人が多いと言うもの。

となると、果たしてフランス人は子供への愛情が薄いのだろうか？

実はフランスで子供への関心が広まったのは19世紀のことなのだ。18世紀の半ばまでは出産自体が母親の死の危険を伴うものであり、新生児の死亡率が非常に高かった。たとえ無事に生まれてきたとしても、10歳を迎えるまでに死んでしまう子供が半数にも及んだのである。

「農村では母乳で子どもを育てるのが習わしだったが、都市では乳母に頼るのが普通のことだった。（中略）住込みの乳母をやしなって賃金をはらったり、いなかの乳母に養育費をはらったりすることがなんなくできる、金持ちや生活が楽な親だけが、子どもを里子に出していたわけではない。職人や労働者もまた、妻の仕事のせいでやむをえずこの解決法をとっていた」（アンシアン・レジーム期の結婚生活）

もちろん、妻の稼ぐ賃金が子供の養育費を上回らなくてはいけないと言う当時の状況は、まさに現在の共働きの夫婦にも言えることだ。前述のオレリアのように、支払わなくてはいけない養育費で給与がほとんどなくなってしまうくらいならば、一時的にでも子育てをするために専業主婦にならざるを得ない。

しかもアンシアン・レジーム期では、ただでさえ高い乳児期の死亡率が、子供を里子に出すと、母親が育てるよりもさらに高くなったと言う。都市に暮らす母親たちは遠くの田舎にいる乳母に乳児を送ったから、幼い子供が道中で死亡するのは普通のことだった。もちろん乳母の当たり外れによっても、その後の子供の運命は決まったのだ。

自分の赤ん坊を一か八かで里子に出した母親は、死なずに戻って来た場合のみ、自分の子供に再会することができたのである。平均4、5人の子供を産んだという当時では、大抵、そのうち2人しか青年期の年齢に達しなかった。

「このような状況においては、死が、ことに赤ん坊の死が、無関心に近いあきらめをもって受けとられたとしても仕方がないのではないだろうか。たしかに、子どもが成長して、最初の数年間の危機の時期を脱するにつれて、この無関心はすこしずつ消えてゆく。子どもを里子に出している家族においては、二歳ないし三歳になって親の家に戻って来るときが決定的な転回点になるようだ。つまり、それ以降、子どもは一人の人間として扱われる」（アンシ

アン・レジーム期の結婚生活）

子供の死亡率の高さに加えて、堕胎や故意的な流産、子殺し、捨て子も頻繁にあった。大抵は未婚の女性だったが、中には結婚した夫婦間でも、経済的な理由で子供の数を減らすための手段になったと言う。子供に対する無関心とともに、時には子供が邪魔な存在でもあったのだ。また、7歳まで生き延びた子供は、労働力として見なされるようにもなる。

中流階級に属したかの『ボヴァリー夫人』のエマも、医師である夫の仕事を手伝っているわけではなく、さらに家事をしてくれる女中がいるにもかかわらず、自分の娘を里子に出していた。結婚生活に退屈しているにもかかわらず！である。夫に仕え、家庭を仕切ると言う「良妻」になる教育を受けていたとしても、子供を自分の手で育てるという「良母」になることは必要とされていなかったわけだ。

17、18世紀を通して子供の育て方に関する書物が出版されるとともに、上流階級から少しずつ子供に関心を向け始めるようになる。19世紀には庶民層においても、学校教育に対する関心が高まり、子供の地位が向上していく。

『女の一生』のジャンヌは、夫から愛されない結婚生活の空虚さを埋めるために、息子を溺愛する母親としても描かれている。貴族階級で退屈な日々を送っていたジャンヌが、唯一の生きがいとして見出したのが、過保護なまでの子育てだったのだ。

時同じくして、労働者階級では、生産の場だった家父長制の家族が崩壊するにつれて、夫婦と子供との愛情によって作られる「新しい家族」が広がって行った時代でもあった。

子育てに励む主婦の誕生

19世紀末、庶民に比べてまだ結婚に利害関係があったブルジョワ階級では、相変わらず娘の多くは結婚しか進む道はなかった。しかし、共和主義の平等で個人主義な社会へと向かう変化の中、夫とより平等の権利を持った妻は、夫の服従者ではなく協力者となっていた。それでも、労働者階級のようにブルジョワ女性が職を持ち、個人として生きることは、ブルジョワ社会の崩壊を示すことだった。

新しい時代の中、自分の人生を探しつつも、伝統的な規律を保つための方法を、ブルジョワ女性たちは模索したのだ。そして、家庭内で自分が生きるべき道である「主婦」という地位を見出したのである。

「教育を受けた共和主義者の女性であるからには、『個人として生きる』ことも追及するが、ブルジョワ女性としては、結婚して妻や母親の役割を果たすことによって『(※ブルジョワ階級の指標である)美的センスと良い趣味』を示す。(中略)彼女たちが多くを望まず、女性の権利を声高に主張することにも反対であったのは、自分が犠牲になっても夫と子どものいる『正しい』家族を演じることこそが、ブルジョワ女性として不可欠であり、またそこに幸せがあると信じていたからである」(ベル・エポックのフランスにおけるブルジョワ女性)

家の中を飾り、家事をし、母性を持って子育てに精を出す。そして外で仕事をして帰って来る夫のための安らぎの場を提供する。その後の専業主婦に通じる「主婦」の理想像の原形が、そこで生まれたのだ。現在では少数派となった専業主婦が、上流階級に多いと言うのも納得である。そんな「ブルジョワ的」なイメージもあって、フランスで専業主婦はよく見られないのかもしれない。

1900年に生まれた子供のうち一歳前に死亡する割合は15%(*39)、1950年では5%、2015年では0.4%まで下がっている。子供の死亡率が低くなるとともに、女性たちは避妊によって出産する時期や子供の数を自分たちでコントロールするようになる。こうして生まれて来る少数の子供は、愛情を持って育てるべきかけがいのない存在となったのだ。

子供から自立する母親

「子供を生んだことは私の人生の成果のひとつだと思う」と話すのは、カトリーヌだ。

「でも、子供を作るには父親、家族、それぞれの役割や責任といった枠組みも必要。息子の父親に出会った時は、もちろん別れることなんて考えなかったわ。結婚することも考えなかったけれど(笑)。子供を育てることは、与えれば与えただけ返ってくるから成就感が強いのかも。本当は2、3人欲しかったけれど、1人だけでも悪くはないわよね。やさしい男の子に育ったから、いい子にうまく当たったたんじゃない」

独りで育て上げた息子も今や24歳。去年、息子の旅行で約2カ月半という長い期間を、初めて離れて過ごした。

「以前、息子がいなかったら寂しいかもしれないと自問したけれど、全然そんなことはなかったわ。とてもよかったたくらいよ」と笑う。

「私は子供たちに近い存在だと思っているけれど、子供への愛は異性への愛の代わりにはならない」と話すのはセゴレーヌ。

「自分の母親が過保護だったから、兄はいまだに母親に依存しているわ。私の子供には絶対そうなって欲しくないと思っている」

両親の仲が悪かった彼女の家庭では、常に欲求不満であった母親のはけ口は、特に長男への溺愛となった。家族は反面教師とも言うセゴレーヌの両親ながら、自分たち子供が巣立った後、50代以降になってからだいぶ仲が良くなったらしい。

「私も母親からは愛情をたっぷりもらっていたけれど、自分の父親の愛には満たされていなかった。自分が離婚したことで、結果的に子供の父親が週半分の面倒を見なくてはいけないことになったことは、子供たちにとっていいことだと思う。友達は『子供たちが父親の家に行っていて寂しいんじゃない』って言うけれど、私は全然。電話すらしないわ」

15歳の時に両親が離婚したと言うキャロリーヌは、離婚家庭の子供の苦労を知っているからこそ、家事調停人の仕事を選んだとも。

「母親が別れることを決めて家を出て行ったから、悲しんでいた父親と暮らすことに決めたの。子供は弱い方の味方につくものなのよ。だから、当時は母親とはあまり会わなかった。でも現在では仲のいい友達になったわ」

親によって子供の育て方は千差万別だ。何にしても、行く行くは親の下から巣立っていくのが子供というもの。普通に考えれば、子供との生活よりも、カップルでの生活の方が長くなるはずである。だから、フランスでは子供に依存しない親が多いと言うことなのかもしれない。子供は放っておいても育つし、彼ら自身の人生を生きていくしかないのだから。

だからこそ、「子供」よりも「カップル」を大切にするフランス人が多いのだろう。パートナーは、所詮他人なのだ。カップルは愛という栄養を与えて、マメに世話をしてあげないとすぐに枯れてしまう植物のようなものである。

そして、いつか親同士の愛はなくなる日が来るとしても、子供への愛や絆はなくなるものではない。

とはいえ、実際には両親の離婚で辛い思いをしている子供たちも多いことだろう。それでも、離婚家庭で育ったその子供たちが、やはり親と同じように「愛」を探して、形はどうであれ、カップルになることを求めて行くのである。

第 5 章

独りでいることは不幸なのか？

Chapitre 5

Est-il malheureux d'être tout seul ?

多様化する家族の形

離婚後の家族の行方

「最初の結婚が恋愛ではなく、できちゃった婚だったから、大恋愛できる人を探したの」

離婚後の約5年間、出会いサイトで新しい恋人を探しまくったと言うセゴレーヌ。当時、30代半ばで若いとはいえ、本人はまだ幼い2児の母親である上、自分で診療所を持つ一般開業医である。子育てもさることながら、仕事も忙しいだろうに、一時停止していた人生を再生した彼女は、まさにパワフルだ。

「出会いサイトで本当にいろんな男性に出会ったわ。一度会って、イマイチだと思えば次はナシ。何人かと付き合ってみたけれど、真剣ではなかった。中には4、5カ月続いた人もいたけれど」

そして、2年半前に出会いサイトで偶然見つけた人が、自分の診療所に彼の娘を連れて来たことのある離婚者だったとか。この運命的な再会をした男性が、セゴレーヌの現在の恋人である。

「彼にも11歳の娘と8歳の息子がいるから、私の2人の子供を連れて一緒に暮らすのは難しいと思う。そもそも子育てに対する意見がまったく違うから、もし、彼と結婚して子供を作ったら、絶対離婚しているわ（笑）」

実は元夫とは「愛」こそ足りなかったけれど、子育てする上での問題はまったくなかったと言う。去年、その元夫も再婚して、新しい奥さんとの間に赤ちゃんができた。したがって、彼らの2人の子供にとっては、父親の家でありながら義母の家と感じるようになったらしい。いわゆる「再構成家族」である。

「子供たちも現在13歳と16歳で、思春期の難しい時期に入ったと思う。最近になって父親の家に行っている時でも、私の家に突然帰って来たり、父親の家に行きたくないと言うことも。そんな子供たちの問題が出てきたことで、私たち元夫婦が話し合うことが多くなったわ。フランスではよく、仲がいい夫婦は子供が生まれるとともに仲が悪くなると言うけれど、私たちのように仲が悪かった夫婦は子供によって近づくのかもね」

父親と義母との新しい家族によって、自分の子供たちは疎外感を感じているとセゴレーヌは考える。

「子供たちのためにも、私と元夫とその子供2人を『親カップルの家族』だと強く思うようになったわ。離婚はしたけれど、家族であることに変わりはない」

「再構成家族」を経験する私自身にも身に覚えのある話である。私のパートナーの娘とは彼女が10歳の時から週に2日を過ごしている。学校が休みの期間はより長く過ごすことになるし、パートナーと一緒に3人で旅行をしたこともある。

セゴレーヌが話すように、私の場合も彼女が小さい時は同様のことがあった。彼女自身、母親とは違う女性が父親と一緒にいることで、疎外感を感じることはもちろんのこと、父親の関心を自分に向けさせたいという思いもあるだろう。何か問題があると、「母親の家に帰る」というのは、決まり文句でもあった。

しかし、月日が経つにつれ、環境に慣れるにつれ、そして彼女も成長するにつれて、物事は何となく収まるところに収まったと言う感じである。正直に言うと、父娘の間にいる部外者であることは、私も同様。疎外感を感じたこともある。

結局のところ、「子供よりもカップル」であり、「大人は大人、子供は子供」であるという、フランス人らしいドライな考えに、多く救われたのだと思う。

母親ならば、もっと子供とも親密だっただろうけれど、なんせ私の相手は父親であり、「愛」を求めるフランス人なのだから。

それでも、この3人の関係が「家族」と言えるかと言うと、やはり微妙である。パートナーの娘は、私の子供ではないし、母親が別にいるのだから、私自身が母親になる必要もない。しかし、赤の他人よりは親しみを感じているのは確かだ。言うなれば、親戚の子供と言った具合かも。

再構成する家族

現在、新しい恋人とは一緒に暮らしていないセゴレーヌ。となると、彼とはやはり家族ではないのだろうか?

「家族ではないと思うけれど、そう言い切ってしまうと居心地が悪いわ。彼の子供たちに会った時、母親のようにすぐに慣れ親しんでくれると思った。でもそんなに話は早く展開しない。自分の子供たちと向こうの義母も同じだと思う。義母もやさしい人だけれど、子供との距離はなかなか縮まらないわ」

そんな様々な問題を考えると、別々に暮らしている方がいいとセゴレーヌは考える。考えつつも、現在の状態は大人の付き合いという賢さなのか、単に問題を抱えたくないという狭さからなのか、と自問もする。

「結局、愛だけでは限界があることが分かったの。誰かと一緒に過ごすのならば、何かを一緒に構築することが大切なのでは。例えば、今の恋人と一緒に田舎に家を買って、そこにそれぞれの子供たちが遊びに来るような形にすれば、そこから家族の一種のようなものになれるのかも。長い時間が掛かるだろうけれど、もしかしたらなれるかもしれない」

統計会社ハリス・インタラクティブが、ウェブマガジン、ラ・パリジェンヌ用に2015

年、18歳以上の男女1858人を対象として「変化し続ける家族」(*45)をテーマに調査。対象者のうち49％が30年前よりも家族の重要性は少なくなっていると答えている。それでも70％のフランス人にとっては、知人よりも家族はより近い存在だと言う（29％はその反対）。家族という言葉の意味自体がフランスではすでに変化しているのではないか？

同じ調査内で「伝統的家族と再構成家族で子供を公平に扱えるか」と言う設問がある。「同じ両親の下で生まれた子供たちに同じ教育を与えること」は、簡単が83％で、難しいが15％。「異なる両親の下で生まれた子供たち」に関しては、簡単が20％で、難しいが78％。「同じ両親の下で生まれた子供たちに同じ愛情を持つこと」は、簡単が88％で、難しいが8％。「異なる両親の下で生まれた子供たち」に関しては、簡単が41％で、難しいが55％である。

再構成で生まれた家族の関係は、簡単には構築できないのだ。

家事調停人のキャロリーヌは、相談者に対してカップルの2つの言い方があると話す。子供を産んだ血縁上の「親カップル」と、自分の子供ではなくとも養育する「夫婦カップル」だ。フランスには親にもさらに種類があるというわけ。

彼女の両親自体、離婚した後の形態はさまざまである。

「自分の父親は母親と離婚した後に再婚し、2番目の奥さんとの間に子供ができたの。すでに私は自立していたけれど、20歳異なる年の差の異母弟は、私の弟だと思っているわ。でも、彼の母親は私の家族ではない。現在、父親にはアフリカ人の3人目の奥さんがいるの。クリスマスに私の母親の家でパーティーをした時に、2番目、3番目の奥さん、みんなが集まったこともあるのよ」

シングルマザーであるキャロリーヌにとって、家族は2種類あると言う。「血の繋がりの家族」と「心の家族」である。

「『心の家族』は大人になった時に自分で選べる人々で、必要な時に助けてくれる友達のこと」

独りで子供を育てるキャロリーヌにとって、血の繋がっている家族同様に、身近にいて手を差し伸べてくれる知人は、「家族」のように重要な存在なのだろう。

つい先日、元夫と彼の新しい彼女と、3人で一緒に食事をしたと話すのはノラ。

「離婚した時に元夫から、私の家族との縁を切らないでくれと頼まれたの。問題があるのは夫婦間なのだから、彼が私の家族と付き合うのは問題ないと答えたわ。今でも彼は私の叔母の家にバカンスで遊びに行ったりしている。夫婦の愛はなくなったけれど、憎しみが生まれたわけではないのよ。恋愛感情が思いやりに変わっただけ」

もちろん、すべての離婚がハッピーエンドで終わるとは限らない。でも離婚後のお互いの状況を認められるということは、各自が自分の良しとする人生を歩んでいる結果だろう。

幸せな母親と幸せな父親を、それぞれの側で自分の娘に見せたかったノラは、しっかり目標を果たしたのである。

自分の家族を作らない選択

「両親の仲はとてもいいし、姉弟ともうまく行っている。私の人生にとって大切なのは家族だとも思う。パラドックスだけれど、それでも私自身の家族は欲しいとは思わない」と話すのはサクラ。

姉弟はみんな結婚して子供もいる「伝統的家族」で、彼女には約20人近くの甥や姪がすでにいる。家族みんなで集まることも多く、サクラ自身も家族に会うことはうれしいと言う。

「姉弟の子供たちもかわいいとは思うけれど、私自身の子供は欲しくはない。彼らの家族は幸せだと思うし、彼らのために私も満足よ。でもその家族の形は、私のためにはないわ。彼らを見ても憧れることはないいし、それどころかその立場ではなくてよかったと思う」

短期間なら子供の相手もできるけれど、別れて独りになるとホッとするとも。あまりにも強い独立心のためかもと、サクラは自分を分析する。

「私は家族を作るために、十分に計画的ではないかもしれないし、十分に寛容ではないかもしれない。あまりにもエゴイストすぎるのかも。ある人々がうまくできることを、私にはうまくできないと思う」

フランスにおいて、子供を持たないことを選択する人は少数派だ。2010年に実施された統計によると、フランス人口に対して「子供を作ることを望まない」人の割合は、男性で6.3％(＊46)、女性で4.3％だと言う。

実際に子供を持たない人の割合を世代別で見てみると、女性は1931〜35年に生まれた世代で12.7%（＊47）、その後11〜12%で推移するが、1961〜65年に生まれた世代では13.5%に若干上がっている。男性の方は1931〜35年に生まれた世代で13.5%、1941〜45年の世代で12.8%に下がるが、その後上昇し続け、1961〜65年に生まれた世代で20.6%に上っている。

学歴別で見てみると「子供を作ることを望まない」女性のうち、一番高い19.1%の割合を示すのは、修士課程以上に進んだもっとも高学歴の独身。男性のうち、一番高い20.4%の割合を示すのは、修士課程まで進んだ高学歴の独身である。男性よりも女性の方が、より高学歴である場合に子供を望まない人が多いということだ。

30〜49歳で学歴別に子供を望まない理由を見てみると、すべてのカテゴリーで一番多いのは「子供がいなくて満足」が70%以上。高学歴女性の2番目は「他に優先することがある」または「高年齢のため」、低学歴女性の2番目は「高年齢のため」、3番目が「自由なままでいたい」となっている。

すべてのカテゴリーで割合が少ないのは「健康上の理由」と「経済的理由」。もちろん、高学歴の男女は「経済的理由」で低学歴の男女よりも少ない割合だが、「お金がない」ことを、子供を望まない理由にする人は少ないことが分かる。

フランスで高学歴であるということは、企業や社会で高い地位に就き、高収入を得る術を持つことでもある。女性にとっては自立する手段になるだろう。でも、それと同時に、自分のやりたいことを追求する術にもなる。

フランスの国立の大学は授業料がほとんどかからないため、多くの人に大学進学の道が開けている。とはいえ、能力主義でもあるため、修士や博士課程まで進むのは相当なる努力も必要だ。「子供を望まない」女性に高学歴の人が多いというのは、自分の生き方の中で子供よりも大切なものがあるということではないか。

現在、「子供を産んで育てる」ことは、女性の唯一の仕事ではなくなった。たとえ子供を望まないことが少数派であったとしても、自分の人生を充実させ、成し遂げたと思える「子供以外のもの」を模索する人がいてもおかしくはない。

アクセサリーのクリエイターであるエレナは、42歳になってから大学に通い始めた。

「小さい頃からデッサンを描いたり、物を作るのが好きだった。服飾デザイナーを経て、アクセサリーを始めたのだけれど、実は実践ばかりをやっていて理論を学んでいなかったことに気がついたの。現在は造形芸術の修士課程に進んでいるわ」

50年以上連れ添う両親のいる伝統的な家庭で育てられたが、小学校の校長だった父親は、娘が芸術系の道を進むことに反対だったと言う。したがって、若い頃に自分の情熱に蓋をした時期があった。

自分が本当にやりたいことが何なのかを見つけたのは、40代になってから。現在、学生に戻ったエレナは、本業のアクセサリーを作り、クリエイターになりたい人向けの個人レッスンをし、さらに大学に通うという、超多忙な日々を送っている。

「同じ学生にも子を持つ母親がいるわ。彼女は論文の準備で忙しくて、自分の娘の世話をしている時間がないことに、罪悪感を感じている。私も同じ立場だったならば、同じように感じると思うし、今、自分の欲求に障害を作りたくない。長い間、周りをぐるぐる回っていて、ようやく自分のやりたいことに出会えたのよ。創作することは私にとっては子供を産むようなもの。自分の人生に子供が必要だと思ったことはないわ」

孤独と分かち合い

独りで暮らすということ

「独りで暮らしていて寂しいと思ったことはないわ」

フランス南西部にある都市、トゥールーズの近くで生まれ育ったエレナは、パリで進学のために上京するとともに、先にパリに住んでいた当時の恋人と一緒に暮らし始めた。約20年近くを共に過ごすが、結婚を望む彼に結局別れを告げることに。

「相手もアーティストだったから、お互いに創作する場所が必要だったの。特に私は静かに作業に集中したい時もあるし、日によっては誰とも話したくない時もある。誰かと一緒に生活するとなると難しいことがいっぱいあるわ。現在も恋人はいるけれど、彼の家で4日間も過ごすと、イライラしてくる。私には自分だけの空間が必要なの」

共同生活をすることで、毎日、同じことを繰り返すのも嫌だし、絶えず誰かと一緒にいると息が詰まりそうになると言うエレナ。将来、本当にいい人が現れたなら、「隣に住むことはあるかもしれない」と笑う。

現在、自分の好きなことに没頭している彼女にとっては、そうなることがあったとしても、それはまさに遠い未来のことになるだろう。

「いくら独りで暮らしていても、独りだと思ったことはまったくない。たぶん、家族を持つ母親よりも孤独を感じていないんじゃない」と話すのはサクラ。

25歳と30歳の時に結婚を申し込まれたが断った。2番目の人とは1年一緒に暮らしたこともある。現在は6歳年下の恋人がいるが、結婚を申し込まれたら別れるときっぱり言う。

「恋人がいることは幸せだと思うけれど、一緒にいることは義務ではないわ。関係は異なるけれど友達がいるし、特に恋人が必要なわけでもない。私は独りでいる時に、より自分を発見できると思う。自分自身と対話し、自分自身と一緒にいることが大好きなの。独りでだって十分に素敵な夜を過ごせるわ」

独りの時間を持つことは、実は贅沢なことなのかもしれない。自分の言葉に耳を傾けられる大切な時間。独りでいることは、孤独であることではないのだ。

「多くの母親が夫と子供に囲まれていながら、お互いの話を聞きもしないし、理解もし合えていない。日常生活が忙しすぎるし、疲れてもいるし、うんざりして、孤独を感じている。私も日常的には家族、友達、同僚などみんなに囲まれて生活しているけれど、独りになりたい時は独りになれる。自分の家に帰って携帯のスイッチを切り、『ストップ、独りにしておいて』と言うことができるわ」

実際、サクラの家の近所にある待ち合わせのカフェでは、ギャルソンにビズをして挨拶する彼女は、気軽に話ができる常連だと言うことが分かる。約1年前に転職し、現在、私立高校の校長補佐を務めるサクラは、約40人もの同僚たちを校長代理としてまとめることも仕事のひとつだ。

「私生活では自分の好きなように暮らしているから、仕事で誰かの補佐をする役割は自分に合っていると思うし、それでバランスを取っているのかも。週に1回、レストランでウクレレ演奏もしているのよ。約30人ものメンバーで一緒に演奏するのだけれど、年齢も職業も異なる人々が集まって音楽を奏でるのは面白いわ。まるでひとつの言語を使ってみんなで話をしているみたい」

たとえ好んで独身でいたとしても、常に独りでいたいわけでもない。独りでいる時間があるからこそ、みんなでいる時間も楽しめる。逆に独りでいることに満足していないならば、独りでいることは孤独だと言うイメージにもなるかもしれない。

「男は必要よ！」と言うのは、ナジェット。

「自分の好きなことしかしない、自分の世話しかしないのは、ひとつのエゴイズムだと思う。女性は男性と平等でありたいと願ったけれど、最終的に誰も必要ではなくなり、独りになったのではないか？」

自立するために、仕事を一番に考えていたナジェットは、経済的には問題がない。看護師で夜勤も多く、忙しい日々を送りながら、常に何かが足りないと感じている。仕事で疲れて家に帰って来ても、あるのは壁だけだと嘆く。

「いくら自由になったと言っても、私たちは完全に自由ではない。出会いサイトに登録している人の数を見ると、寂しい人が多いのだと思う」

彼女自身、出会いサイトを通して何人かに会ったけれど、変な人しかやって来なかったと話す。登録者の90%がアヴァンチュールを探しているとも言い、そこで出会う人と真剣に付き合おうと思ったら難しいとも。

「私も寂しいけれど、誰でもいいわけではないし、生活の質を落としたくはない。経済的に自立したかったのは、その問題を抱えたくないためよ。誰かと一緒に暮らしたいと思うのは、人生を分かち合いたいからなの」

分かち合いの精神

フランス人が好きな言葉の中に「パルタジェ」がある。「分かち合う、共有する」という意味だ。例えば、ここ数年、パリのレストランで人気のメニューが、大皿を分け合う「パルタジェ料理」。

フランス料理と言えば、前菜、メイン、デザートといった順番で出て来るコースメニューがお決まり。一緒にテーブルを囲んでいても、ひとりひとり自分の好きなメニューを選び、目の前に出て来た料理を各自が食べるという、まさに個人主義的なスタイルでもある。

でも、これはレストランのスタイルであって、もちろんフランスでも家庭においては、大皿を取り分けて食べるのが普通である。この家庭的なスタイルを、逆にレストランが取り入れて、アットホームな雰囲気で食事を楽しんでもらおうという趣旨なのだ。

そもそも食事をすることにフランス人は分かち合いの精神を求める。本書で出て来るパリジェンヌたちが口を揃えて言うのは、「レストランには独りで行かない」ということ。

独りで食べるのならば、わざわざ高いお金を払ってレストランで食べずとも、家で食べればいいわけだし、たとえ外出先だったとしてもサンドイッチなどで、簡単に安く済ませる方法もあるのだから。

「レストランに行くということは、話をしながら食事を楽しむ時間を分かち合うということでも。まあ、フランスのレストランのサービスは長いし、独りで行くと面倒ということもあるかもね」とカトリーヌも言う。

今や人気の、自宅などを宿泊場所として提供するエアビーアンドビーよりも、ずいぶん前から個人宅の一室を旅行者に貸し出すシャンブル・ドット（B&B）は、フランスで一般的な宿泊方法である。さらに最近流行っているのは、車をシェアするブラブラカー。

ある目的地に向かう個人の車に、その場所に行きたい他人が便乗するというもの。私としては、電車代より料金が安いとしても、運転手はどんな人だかも分からないし、電車に乗った方が絶対に気が楽だと思う。

しかしフランス人にとっては、見ず知らずの人と狭い車の中に閉じ込められることは何とも思わないらしい。それどころか、旅のお供が出来てうれしいくらいのものなのだろう。

ごく普通の日常生活でも、フランス人は他人と気軽に話をする。道を尋ねられたり、電車の乗り換え方法を聞かれたりするのは頻繁だし、電車の中でふと目が合った人と笑顔を交わすこともある。ストライキなどで被害を受けた者同士となった時には、一致団結、不平を言い合うこともある。

個人主義のフランス人と言えども、いや、個人主義だからこそ他人と何かを分かち合うことが必要なのだろう。

元々「個」であるフランス人は、独りになるのも簡単なことなのかもしれない。いくら同じ車に知らない人と乗っていたとしても、コミュニケーションを取りたくないと思い、話をしなければ、いくらでも「独り」になれるのだろう。

逆に「分かち合う」必要がないものは、独りで楽しむ。

例えば、本書で出て来るパリジェンヌたち、みんなが独りで行くと答えたのは「映画」。また、レストランには独りで行かなくとも、カフェには独りで行く人も多い。カフェのテラスで読書をしたり、道行く人を眺めることは、パリジェンヌたちの至福の時間でもある。もしくは、チュイルリー公園やモンソー公園に本を持って独りで訪れ、日光浴をしてもいい。

パリには独りで楽しめる場所がたくさんある。だからこそ、都会には独身が多く集まるというもの。

「独りでいる」ことと「分かち合う」ことを、バランスよく取り入れる。独りで暮らすことを楽しむ秘訣だ。

個の集まりと他者との繋がり

私の好きなフランス映画の中に『家族の気分』（1996年／セドリック・クラピッシュ監督）がある。親から長男（ジャン＝ピエール・バクリ）が引き継いだカフェに毎週金曜日、集まるのが習慣の家族。それぞれが問題を抱えていながら、家族と言えどもすべてを話すわけでもない。お互いに心配し合いつつも、口から出る言葉は皮肉ばかり。不意に痛いところをズバリと付かれ、口喧嘩にもなる。

何かと言うと「30歳で独身のくせに」とチクリ、嫌味を言われる長女（アニエス・ジャウイ）は、まさにな感じである。たぶん多かれ少なかれ、毎週同じような展開になるのだろうけれど、それでも離れられないのが家族なのだ。個人主義の人々が集まったフランスの家族というものをユーモアたっぷりに見せてくれる。

たとえ家族であったとしても、所詮個人の集合だということ。だからこそ、子供は子供であるし、大人は大人である。親は子供のことよりもカップルの関係を大切にし、愛がなくなれば別れる。そして、再び愛し合える人を見つけられたならば、お互いの子供も連れて新しい家族を作ることを厭わない。

集団主義の「内と外」という感覚が希薄だからこそ、簡単に入ることも出ることもできるのかも。そこで新たなる問題も起こるだろうけれど、「伝統的家族」でも「再構成家族」でも何かしら問題があるのが、個人が集まって作る家族というものなのだから。

そもそも人間は誰もが独りなのである。

だからこそ、個人主義が強いフランス人たちは、分かち合える他人を求めて右往左往する。自分の存在を確認できるのは、他者との繋がりによってでしかないのだ。そして行き着くところは結局、「分かち合える愛」なのかもしれない。

「社会的圧力に負けたのよ。独りでいることは恥ずかしいことだと思った」と話すのは、離婚後、出会いサイトで恋人を見つけたセゴレーヌ。

現在の恋人とは別々に暮らし、会う時は2人だけで会うことが多いと言う彼女。お互いに子供を連れて会うこともあるけれど、ごく稀にだ。自分の子供たちが父親の家で過ごしている週半分は、彼女にとって独身に戻ったようなものである。

「独りでいることも好きだけれど、分かち合うことも好き。私にとって恋をすることは、自分に素直になれること。純粋に愛する人がいることで、自分と素直に向き合うことができ、自分自身との関係をうまく築くことができると思う」

「独りでいることが嫌なのは、自分の体が自分のものではない気がするから」と言うのは、未亡人のキャロリーヌだ。

「先日、元夫の友達が10年ぶりに遊びに来てくれたの。挨拶した時に、何気なく腰に手を掛けられたのだけれど、それで『そういえば、私には腰があったんだ』って思い出したわ。誰かに触られることで、自分の体や女性らしさを認識できるのかも」

フランス人がスキンシップを求めるのは、常に個である自分を他人によって認識したいがためなのかもしれない。家族といても、恋人といても、個であるフランス人は誰かと触れ合うことによって、独りではない安心感を得ているのかも。

キャロリーヌにも、3年前にいいと思う人が現れたけれどうまくはいかなかったと話す。

シングルマザーは常に子供と一緒にいるから出会うのが難しいとも。

「たぶん、元夫の喪が完全には明けていないの。息子は父親に似ているし、独りでいると彼の父親を思い出してしまう。そして、心の底では実は独りでいるのが好きなの。でも今は息子がいるからなのかもしれない。10年後に子供が巣立って行く時に、『しまった！独りになってしまった！』と思うかもね。でも今はあまりにも疲れていて、独りでいい。ベッドに独りで寝ている時が幸せよ。常に女性的である必要はないし」

自分の人生を生きる

もちろん、個人主義なすべてのフランス人に愛が必要なわけでもない。自分が必要とするものは、人それぞれ異なるのだから。

56歳のノラには離婚した頃に出会い、20年近く付き合っている63歳の恋人がいる。

「彼にも子供が2人いたし、私とは全然タイプの違う野性的な人だから、一緒に暮らしたいと思ったことがないわ。付き合いだした時は、娘を育てるのが先決だったし。いつもではなくて時々、誘惑の中で、楽しみのためだけに会うからいいのよ。その関係がいいから今でも続いている。もう恋はしていないけれど、友達以上、恋人未満のセックスフレンドといったところかしら」

1年ほど前に彼はオーベルニュ地方に引っ越して、数カ月会わないこともある。でも恋しいわけではない。仕事も好きだし、友達もいる。ノラ自身、カフェのテラスで5時間だって独りで過ごせると言う。

独りでいてもまったく退屈することがないのは、たぶん、小さい頃に入院したことがあり、独りで過ごすことが多かったからかもしれない。

「これから先、恋に落ちることもあるかもしれないけれど、私が探しているものではないわ。自分の母親も友達も心配してくれるけれど、『私は本当に独りでいい！』って言っているの。もう、周りの方がうるさいわ！」

そして、カトリーヌも言う。

「人と一緒にいるのも好きだけれど、独りでいるのも好き」

現在、彼女にも恋人がいるけれど、真剣ではないと言い、息子に紹介したことはないとか。常に恋人がいるわけではない母親に、「いつも誰かに恋していないのはおかしい」と、若い息子から言われたこともある。

「自分のいる状況に満足しているし、この人生が私に合っていると思う。だから、もし誰かを愛することがあるとしたら、私にとってそれは、人生の不足部分を補うためではないのよ。あくまでも人に恋をすることは、分かち合うことだし、それは私の人生を豊かにするためのもの」

孤独であるのは独りでいる状況ではない。心が満たされているかどうかが問題なのだ。そのためにも、時には独りになって自分自身と対話をすべきなのだろう。

なぜならば、その答えは自分の中にしかないのだから。

おわりに

2年前、43歳の誕生日の1カ月前に、ある連絡をもらった。

「妊娠に至らなかったため、治療は終了になります」

そうか、子供が出来なかったのかと思ったら、お腹と胃の間くらいにぽっかりとした空洞が作られた。そしてその空洞に、得体の知れないものがグルグルと渦巻くように入り込んできた。何だかよく分からない不快な感じ。それは、漠然とした不安だった。

たぶん、同じ不妊治療を受けていても、人によって子供が欲しいという思いの強さは異なるだろう。私が体内受精5回、体外受精2回の約4年に渡る不妊治療を受けたのは、フランスでは社会保険によってすべて無料だったからに過ぎない。しかし、それも43歳の誕生日まで。もちろん、お金を払えばそれ以降も他の国で治療を続けることは可能だけれど、そもそもお金が掛かるならば人工授精はしなかっただろう。

それでも、子供が出来なかったことは私を不安にさせた。

一体、何がそんなに不安なのだろうか？

もちろん、老後の世話をしてくれる子供がいないと言った世間一般的な話があるだろう。でも、未来への不安を言い出したらキリがない。病気になるかもしれないし、フリーでやっている以上、仕事だっていつまであるかも分からない。事故や災害にあって、突然死ぬことだってあり得るのだ。子供がいるからと言って、未来の不安は消えるものではない。

そもそも、今、手元にないもの、そして今後も手に入らないものを理想化して、それがあったならば幸せであると言う思い込みはどこから来るのだろうか？

現に私自身は十分に幸せなのだ。自分の好きな仕事をしているし、パートナーとも仲良く暮らしている。パリと田舎を行き来する生活も気に入っているし、彼が1人でパリに行っている時は、完全に独り暮らしになる状態にも大満足している。日常の些細なことにも幸せだなあと思える、単純な性格でもある。子供が出来なかったからと言って、突然不幸のどん底に落とされたわけではないのだ。

もし、子供がいないことを不幸だと思うのならば、それは「女性は子供を産むべき」という、刷り込まれた役割を果たさなかったと思うからではないのか？

それとも、「子供を産まなかった女性は不幸である」という、世の中に広まる考えがそう思わせるのではないか？

私たちには人生のどの段階においても、いわゆる規範がついて回る。子供の時ならば、家庭であったり、学校であったり、受験であったり。大人になってからは就職、結婚、出産、家族、老後、そして死に方にさえも規範がある。一体どのくらいの人々が、すべての手本通りに、理想的とされる人生を歩んでいるのだろうか？

個人主義で自分の快楽を追求し、そもそも制度自体に懐疑的であるフランス人は、今までも伝統的な規範を壊してきたし、今でも壊し続けているのだと思う。なぜならば、社会一般的に言われる幸せの形は、自分のものであるとは限らないからだ。そして、たとえ規範的な人生を手に入れたとしても、規範通りに事が運ぶとも限らないからだ。

もちろん、結婚して、子供がいて、家族を持つ、幸せな人々も多くいることだろう。でも、彼らが幸せなのは、規範に基づいた人生だからなのではない。それが、彼らの生き方だっただけなのだ。

独身で不幸な人がいれば、幸福な人もいる。結婚して幸福な人がいれば、不幸な人もいるように。個人の幸せは、属するカテゴリーで決まるものではない。

そしてフランスでは、そのカテゴリーさえも細分化して、今や何でもアリ状態。「結婚」、「パックス」、「事実婚」といったカップルの形態から、「伝統的家族」、「ひとり親家族」、「再構成家族」といった家族の形態も増え続ける一方だ。

「既婚」か「未婚」かという二者択一の時代は終わったということだ。というよりも、今まで、無理やり2つのカテゴリーに収めていただけにすぎない。近年、話題になることが多い、性的少数派とされる人々がいい例だと思う。多くの人々が今まで普通だと思っていた、「男」か「女」か、という二分さえも、そもそも疑ってかかるべきものなのだろう。

時代とともに規範自体が変わるのは、歴史を見ても明らかなこと。いつの時代にも規範から外れる少数派は存在していたし、現在でも、さまざまな状況において少数派と呼ばれる人々がいる。そして規範から外れることは、必ずしも不幸なことではないと人々は気づき始めているのだとも思う。

人生のロールモデルがなくなることは、ある人々にとっては生きることが難しくなるのかもしれない。自分自身で各自、生き方を探さなくてはいけないし、孤独な思いをするかもしれない。それでもある時は独りになって、規範に依らない自分の生き方を探してみるべきなのだろう。

そして、個人個人がよりよい生き方を見つけた時に、世の中もよりよくなるのではないか。自分が幸せでなければ、誰も他人には優しくできないのだから。それは自分の子供や夫、家族に対しても言えるし、赤の他人に対しても同じこと。

その時になって初めて、テーブルの向かいにいる人が書いた「6」という文字を、私たちは反対側からイメージすることができるのではないか。

たとえ、相手側に立って文字をそのままに見ることができなくとも、相手がどういう気持ちでいるのかが、少しだけでも分かるかもしれない。はっきりとは分からなくても、少なくとも想像することはできるのだと思う。

この世の中には少数派が、たくさんいることを。

２０１８年12月　酒巻洋子

Mille fois merci aux Parisiennes célibataires
qui ont accepté de raconter leur vie.

参考文献

＊1　ヨーロッパの出生率1999-2016
https://www.insee.fr/fr/statistiques/2381396

＊2　フランスの人口動態統計2017
https://www.insee.fr/fr/statistiques/3305173

＊3　日本の人口動態統計2017
https://www.mhlw.go.jp/toukei/saikin/hw/jinkou/geppo/nengai17/index.html

＊4　フランスの婚外子1994-2017
https://www.insee.fr/fr/statistiques/2381394#graphique-Donnes

＊5　ヨーロッパの婚姻率、離婚率1960-2016
https://www.insee.fr/fr/statistiques/2381492#tableau-Tableau1

＊6　日本　明日への統計2017
http://www.stat.go.jp/info/guide/asu/2017/index.html

＊7　フランスの婚姻状況2006-2017
https://www.insee.fr/fr/statistiques/2381496#tableau-Tableau1

＊8　パリの統計2015
https://www.insee.fr/fr/statistiques/2011101?geo=DEP-75

＊9　イル・ド・フランス地域の人口統計2015
https://www.insee.fr/fr/statistiques/2555753

＊10　アンシアン・レジーム期の結婚生活／フランソワ・ルブラン／藤田苑子訳／慶應義塾大学出版会／2001年

＊11　居酒屋／エミール・ゾラ／齋藤一寛訳／グーテンベルグ21／2009年

＊12　決定版　第二の性／シモーヌ・ド・ボーヴォワール／『第二の性』を原文で読み直す会訳／新潮社／1997年

＊13　ベル・エポックのフランスにおけるブルジョワ女性—結婚と離婚について—／松田祐子著／大阪大学西洋史学会／2007年
https://ci.nii.ac.jp/naid/120006354016

＊14　フランスの人員数による世帯の割合1962-2013
https://www.insee.fr/fr/statistiques/3047266

＊15　フランスの男女別年齢別単身世帯1990-2015
https://www.insee.fr/fr/statistiques/2381512#graphique-Donnes

＊16　フランスの婚姻率1946-2013
https://www.insee.fr/fr/statistiques/1379729

＊17　フランスの男女別年齢別就労割合1975-2017
https://www.insee.fr/fr/statistiques/2489758#tableau-Tableau2

＊18　フランスの専業主婦2011
https://www.insee.fr/fr/statistiques/1281066

＊19　フランス人と結婚2017
https://www.ipsos.com/fr-fr/tendances-budget-motivations-comment-les-francais-organisent-leur-mariage

＊20　日本人の結婚したい理由2014
http://www.anniversaire.co.jp/brand/pr/soken1/report08.html

＊21　ボヴァリー夫人／ギュスターヴ・フローベール／生島遼一訳／新潮社電子書籍／2013年

＊22　女の一生／ギィ・ド・モーパッサン／永田千奈訳／光文社電子書店／2013年

＊23　フランス ベビーブームから50年1996
https://www.ined.fr/fr/publications/population-et-societes/les-cinquante-ans-du-baby-boom/

＊24　フランス人が結婚しなくなった理由
https://www.caminteresse.fr/economie-societe/pourquoi-les-francais-se-marient-ils-moins-1118853/

＊25　フランスの平均婚姻年齢1946-2017
https://www.insee.fr/fr/statistiques/1892240?sommaire=1912926

＊26　結婚、パックス、ユニオン・リーブルの割合2016
https://www.insee.fr/fr/statistiques/3146177

＊27　ユニオン・リーブルからの移行2011-2014
https://www.lemonde.fr/les-decodeurs/article/2017/11/21/les-couples-en-union-libre-plus-jeunes-moins-riches-mais-plus-egalitaires-que-les-couples-maries_5218277_4355770.html

＊28　フランス人と離婚2016
http://www.odoxa.fr/sondage/crible-de-semaine-francais-divorce/

＊29　フランス人と不貞2016
https://www.ifop.com/publication/les-francais-et-linfidelite/

＊30　フランス人女性と不貞2016
https://www.ifop.com/publication/les-francaises-et-linfidelite-feminine-a-lheure-des-sites-de-rencontre/

＊31　ヨーロッパ人と不貞2010
https://www.adulteres.org/wp-content/uploads/2015/08/archive-infidelite-europe.pdf

＊32　フランスの結婚、パックス、離婚2017
https://www.insee.fr/fr/statistiques/3303338?sommaire=3353488

＊33　世界の男女格差指数2017
https://www.globalnote.jp/post-1515.html

＊34　フランスの男女賃金格差2000-2015
https://www.insee.fr/fr/statistiques/2407748#tableau-Donnes

＊35　フランスの家事分担1999,2010
http://www.observationsociete.fr/hommes-femmes/famille/le-partage-des-taches-domestiques-entre-hommes-et-femmes-evolue-tres-peu.html

＊36　日本の社会生活基本調査2016
https://www.stat.go.jp/data/shakai/2016/pdf/gaiyou2.pdf

＊37　日本の男女賃金格差2015
https://www.oecd.org/japan/Gender2017-JPN-jp.pdf

＊38　フランスの離婚数2014
https://www.insee.fr/fr/statistiques/2121566

＊39　フランスの平均余命1740-2012
https://www.ined.fr/fr/tout-savoir-population/graphiques-cartes/graphiques-interpretes/esperance-vie-france/

＊40　フランス人の第一子出産年齢2015
https://www.insee.fr/fr/statistiques/2668280

＊41　フランスのカップルと家族2015
https://www.insee.fr/fr/statistiques/2017528

＊42　フランスの子供の家族形態2011
https://www.insee.fr/fr/statistiques/2848839

＊43　フランスの保育利用形態2015
http://www.observationsociete.fr/ages/enfance/la-moitie-des-moins-de-trois-ans-nont-pas-de-place-daccueil-2.html

＊44　フランス　明日の家族2017
https://www.ocirp.fr/actualites/la-famille-de-demain-50-ans-de-locirp

＊45　フランス　変化し続ける家族2015
http://harris-interactive.fr/opinion_polls/la-famille-en-mutation-quen-pensent-les-francais/

＊46　フランス　子供を作ることを望まない割合2010
https://www.ined.fr/fichier/s_rubrique/18704/population_societes_2014_508_choix_sans_enfant.fr.pdf

＊47　世代別男女別子供のいない割合2011
http://www.observationsociete.fr/structures-familiales/demain-de-plus-en-plus-de-couples-sans-enfant.html

酒巻洋子
Yoko SAKAMAKI

編集ライター、フォトグラファー
女子美術大学デザイン科卒業後、料理学校、
ル・コルドン・ブルーに留学のため渡仏。
帰国後、編集プロダクション、料理雑誌の編集部を経てフリーに。
2003年、再度渡仏し、現在
パリとノルマンディーを行き来する生活を送っている。
パリのお散歩写真は「いつものパリ（paparis.exblog.jp）」、
ノルマンディーの日常写真は
「ノルマン犬猫日記（normanneko.exblog.jp）」にて公開中。
著書に『パリのプチホテル』、『パリにゃん』シリーズ、
『フランス人とパンと朝ごはん』、
『フランス人と気の長い夜ごはん』（すべて産業編集センター）、
『フランス語日記』（三修社）、『秋田犬のおやこ』（翔泳社）など多数。

“結婚”をやめたパリジェンヌたち

2019年2月14日　第一刷発行

著者　酒巻洋子

カバー写真　酒巻洋子
編集　福永恵子（産業編集センター）
カバー＆本文フォーマットデザイン　三上祥子（Vaa）

発行　株式会社産業編集センター
〒112-0011　東京都文京区千石4-39-17
TEL　03-5395-6133
FAX　03-5395-5320

印刷・製本　株式会社シナノパブリッシングプレス

ISBN978-4-86311-213-1 C0095